맛있는 주니어 중국어

맛있는 books

맛있는 어린이 중국어 카페(https://cafe.naver.com/kidchina1)에 들어가면 단어 카드, PPT, 강의계획서, MP3 자료 등 수업에 활용 가능한 다양한 학습 자료를 다운로드 할 수 있습니다.

NEW 맛있는 주니어 중국어 3

펴낸날 2022년 4월 5일 개정판 1쇄 | 저자 엄영권 | 기획 JRC 중국어연구소 | 발행인 김효정 | 발행처 맛있는books
등록번호 제2006-000273호 | 편집 최정임, 연윤영 | 디자인 이솔잎 | 제작 박선희 | 영업 강민호
마케팅 장주연 | 일러스트 김세옥 | 성우 이영아, 오은수, 위하이펑, 짜오리쥐엔, 궈양
주소 서울시 서초구 명달로 54 JRC빌딩 7층 | 구입문의 02·567·3861, 02·567·3837
내용문의 02·567·3860 | 팩스 02·567·2471 | 홈페이지 www.booksJRC.com
ISBN 979-11-6148-063-3 64720
979-11-6148-060-2 (세트)
정가 16,500원

제품명: 일반 어린이도서 | 제조자명: JRC에듀 | 판매자명: 맛있는books | 제조국: 대한민국 | 주소: 서울시 서초구 명달로 54 JRC빌딩 7층
전화번호: 02-567-3860 | 제조년월: 2022년 4월 5일 | 사용연령: 12세 이상
KC마크는 이 제품이 공통안전기준에 적합하였음을 의미합니다.

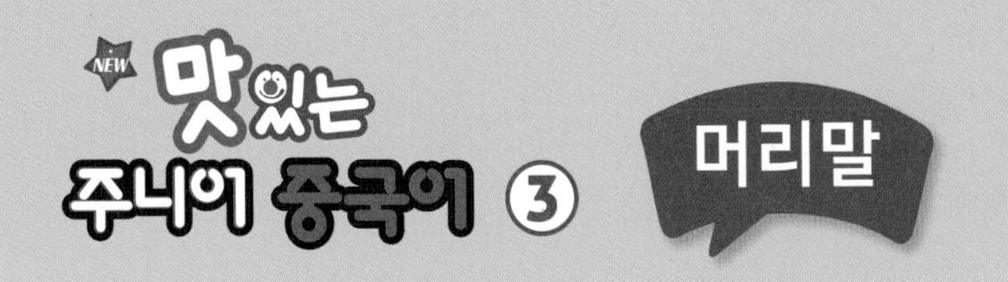

『NEW 맛있는 주니어 중국어』로
친구들과 함께, 선생님과 함께~ 중국어 전문가가 되어 보세요!

처음으로 영어를 접했던 중학교 시절, 영어에 대한 부푼 꿈을 안고 자신감 백 배로 시작했지만 시작과 동시에 다가온 어렵고도 지루한 문법 설명 등으로 인해 영어에 대한 흥미는 언제 있었냐는 듯이 사라졌고, 지금도 여전히 영어라고 하면 왠지 자신이 없고 영어는 나와는 멀게만 느껴집니다.

대학에 들어와 중국어과에 진학하면서, 비로소 외국어를 공부하는 방법을 터득하게 되었습니다. 은사님이신 송재록 교수님의 획기적인 강의법에 매료되어 수업 시간이 너무 짧다고 불평할 정도였고, 짧은 문장을 외우고 儿歌(동요)를 따라 하면서 배운 중국어가 매우 재미있어서, 매일같이 교수님 연구실을 찾아가 귀찮게 해 드렸던 기억이 납니다. 이렇게 제가 처음 접했던 중국어 수업은 문법 설명으로 시간을 꽉꽉 채웠던 영어 수업과는 달리 무조건 입으로 내뱉어야 하는 재미있고 활기찬 수업이었거든요.

첫인상이 이렇게도 중요한 것인지, 여러 해 중국어를 배우고 또 더 많은 해 사람들에게 중국어를 가르쳐 왔지만 지금도 '중국어'라는 단어를 떠올리면, 저에겐 쉴 새 없이 떠들 수 있게 하는 제 힘의 원천이라고 생각이 될 정도이지요.

『맛있는 주니어 중국어』의 집필을 맡게 되었을 때, '어떻게 하면 우리 친구들이 좀 더 쉽고 재미있게 중국어를 배울 수 있게 할까?'라는 고민을 하며, 나름대로 열심히 집필하였지만, 교재가 완성된 후에도 여전히 아쉬움과 부족함을 느낍니다. 그래도 우리 친구들이 이 교재를 통해 조금이나마 쉽게 중국어를 접하고, 제가 느꼈던 재미를 느끼며, 중국어를 유창하게 말할 수 있는 인재가 되었으면 하는 기대를 해 봅니다.

먼저 항상 저에게 영감을 주시는 하나님께 감사 드리고, 이 책이 나올 수 있도록 격려와 지원을 아끼지 않으신 맛있는북스 김효정 대표님과 출판팀 여러분, 교정을 도와준 아내와 저에게 중국어의 열정을 불어넣어 주신 송재록 교수님께 감사 드립니다.

엄영권

이 책의 특징

표현 쑥쑥! 단어 쑥쑥!

이 과에서 어떤 표현을 배우게 될지 미리 알아봅니다.
회화를 배우기 전에 회화에서 쓰이는 단어를 먼저 공부하도록 합니다.

맛있는 회화

우리 친구들이 좋아하는 만화로 구성하여 한층 더 흥미를 돋우었습니다.
간단한 회화이지만 실생활에서 꼭 필요한 표현들이니 꼼꼼히 학습해 보세요.

『NEW 맛있는 주니어 중국어』, 이렇게 활용하세요!

표현 즐기기

1 과거의 경험을 나타내는 말 过

동작 뒤에 过 guo 가 오게 되면 '~한 적 있다, ~해 본 적이 있다'라는 뜻으로 과거의 경험을 나타내게 됩니다. '~한 적 없다, ~해 본 적이 없다'라는 부정은 不가 아닌 没 méi를 써서 没+동작+过로 표현하는데, 没 앞에 '아직'이라는 뜻의 还 hái를 넣기도 합니다.

韩语 Hányǔ 한국어 | 坐 zuò 타다 | 飞机 fēijī 비행기

16 맛있는 주니어 중국어 3

2 동작의 횟수를 나타내는 말 次

次 cì는 동작 뒤에 쓰여서 동작을 몇 번 했는지를 나타내는 말로서, 동작+숫자+次의 순서로 만들어 주면 됩니다. 비슷한 말로 遍 biàn이 있는데, 주로 영화, 책 등을 보거나 이야기하는 것에 대한 동작의 횟수에 쓴답니다.

羊肉串儿 yángròuchuànr 양꼬치 | 动画片 dònghuàpiàn 애니메이션

你去过中国吗? 17

표현 즐기기

회화에서 주요하게 쓰인 표현에 대한 다양한 예문을 가지고 학습합니다.

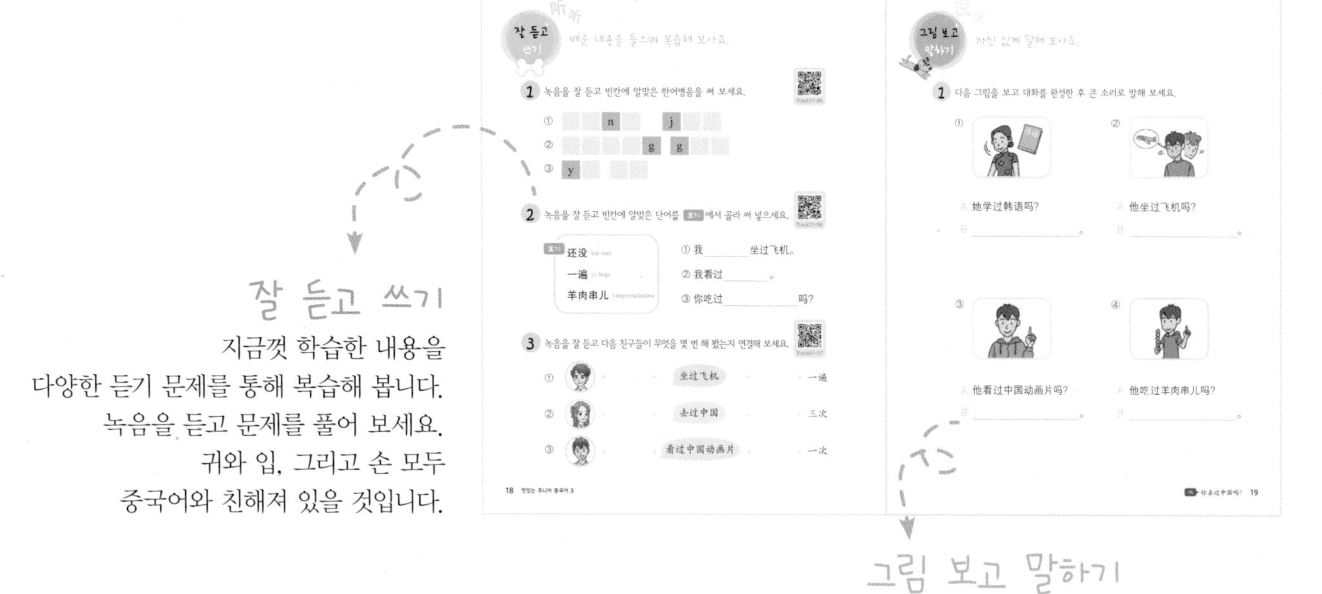
잘 듣고 쓰기 배운 내용을 들으며 복습해 보아요.

1 녹음을 잘 듣고 빈칸에 알맞은 한어병음을 써 보세요.

① _ _ n _ j _ _

② _ _ _ _ g g _ _

③ y _ _ _

2 녹음을 잘 듣고 빈칸에 알맞은 단어를 보기에서 골라 써 넣으세요.

보기 还没 一遍 羊肉串儿

① 我______坐过飞机。

② 我看过______。

③ 你吃过______吗?

3 녹음을 잘 듣고 다음 친구들이 무엇을 몇 번 해 봤는지 연결해 보세요.

① 坐过飞机 一遍

② 去过中国 三次

③ 看过中国动画片 一次

18 맛있는 주니어 중국어 3

그림 보고 말하기 자신 있게 말해 보아요.

1 다음 그림을 보고 대화를 완성한 후 큰 소리로 말해 보세요.

① A 她学过韩语吗? B ______。

② A 他坐过飞机吗? B ______。

③ A 他看过中国动画片吗? B ______。

④ A 他吃过羊肉串儿吗? B ______。

你去过中国吗? 19

잘 듣고 쓰기

지금껏 학습한 내용을
다양한 듣기 문제를 통해 복습해 봅니다.
녹음을 듣고 문제를 풀어 보세요.
귀와 입, 그리고 손 모두
중국어와 친해져 있을 것입니다.

그림 보고 말하기

그림을 보고 어떻게 말하면 좋을지
한 번 더 생각해 보고, 알맞은 답을 찾는
문제입니다. 회화 실력을 한층 더 올려 줍니다.

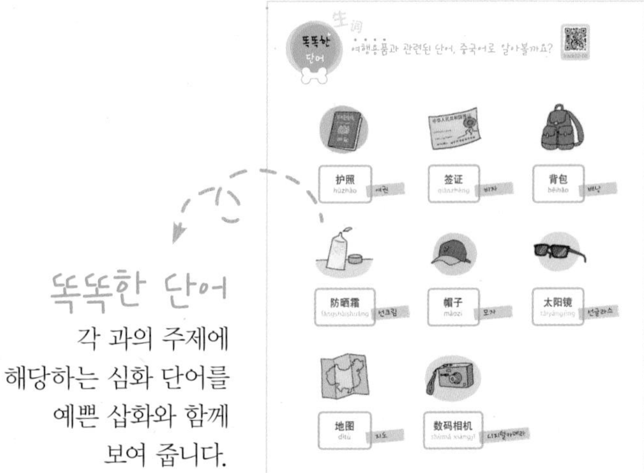

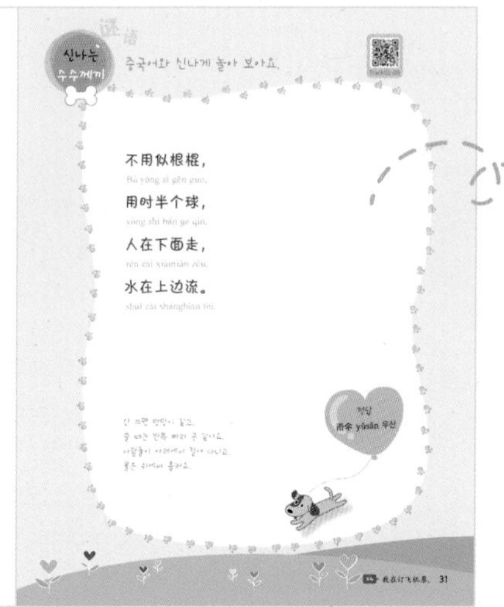

똑똑한 단어

각 과의 주제에 해당하는 심화 단어를 예쁜 삽화와 함께 보여 줍니다.

신나는 수수께끼

중국어로 들어 보고 풀어 보는 알쏭달쏭 수수께끼입니다. 친구들과 수수께끼 놀이를 해 보세요.

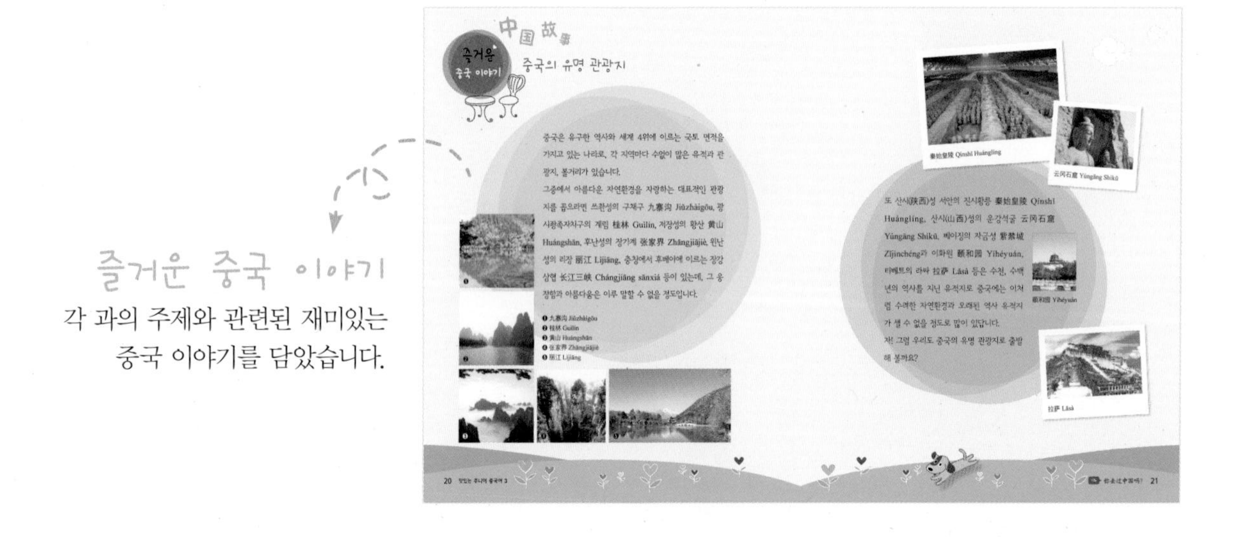

즐거운 중국 이야기

각 과의 주제와 관련된 재미있는 중국 이야기를 담았습니다.

MP3 파일 사용법

트랙번호 읽는 방법

Track01-01

과 표시 트랙 표시

음원 듣는 방법

Track01-01

본책에 있는 트랙의 QR코드를 인식하면 바로 음원을 들을 수 있습니다.
(포털 사이트에 있는 QR코드 입력기를 클릭하거나 QR코드 리더기를 활용하세요.)

컴퓨터에서 맛있는북스 홈페이지(www.booksJRC.com)에 로그인을 한 후, MP3 파일을 다운로드 해서 들을 수 있습니다.

NEW 맛있는 주니어 중국어 3 Work Book

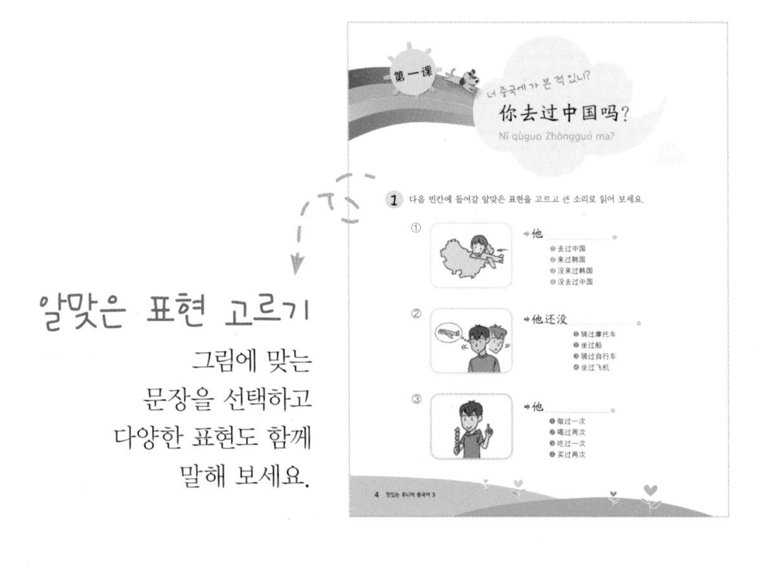

알맞은 표현 고르기

그림에 맞는
문장을 선택하고
다양한 표현도 함께
말해 보세요.

그림 보고 대화하기

친구들과 서로 역할을 바꿔 가며
능동적으로 대화 연습을 해 보세요.

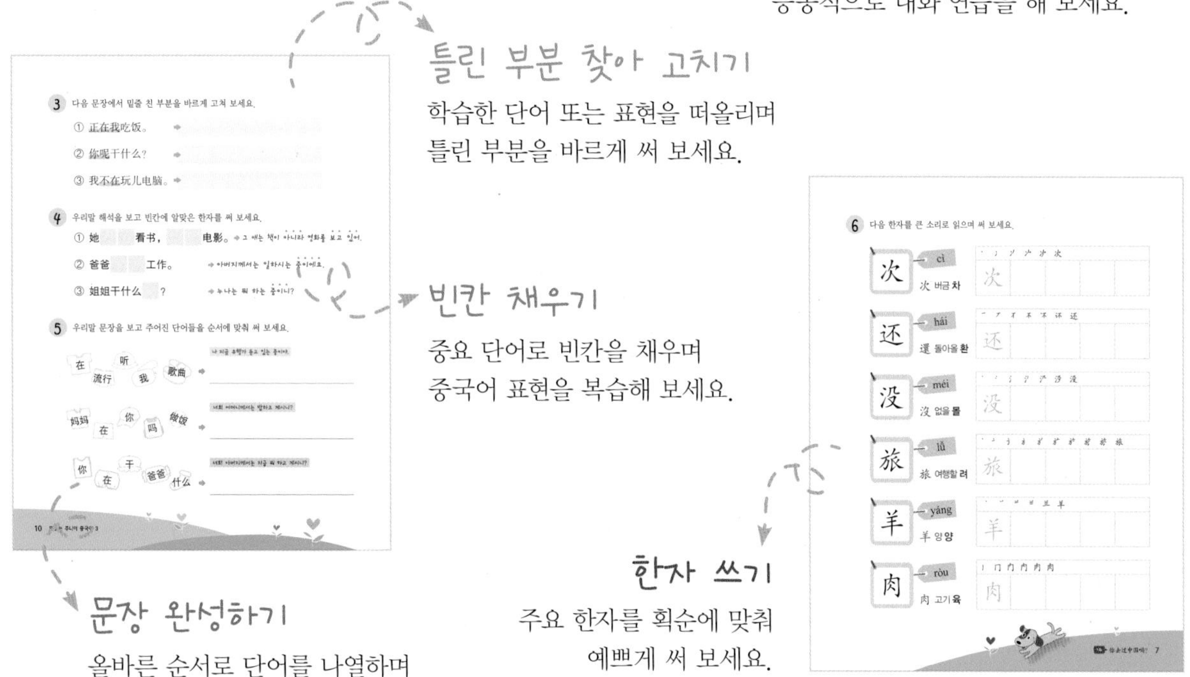

틀린 부분 찾아 고치기

학습한 단어 또는 표현을 떠올리며
틀린 부분을 바르게 써 보세요.

빈칸 채우기

중요 단어로 빈칸을 채우며
중국어 표현을 복습해 보세요.

한자 쓰기

주요 한자를 획순에 맞춰
예쁘게 써 보세요.

문장 완성하기

올바른 순서로 단어를 나열하며
중국어 문장을 한눈에 파악해 보세요.

차례

학습 내용

第一课 1과
너 중국에 가 본 적 있니?
你去过中国吗?
Nǐ qùguo Zhōngguó ma?
- 내용: 과거 경험 표현하기
- 주요 어법: 过, 一次
- 중국 이야기: 중국의 유명 관광지

第二课 2과
나 지금 비행기표 예약하고 있어.
我在订飞机票。
Wǒ zài dìng fēijīpiào.
- 내용: 현재 진행 표현하기
- 주요 어법: 正/在/正在/呢, 没在
- 단어: 여행용품
- 수수께끼: 雨伞

第三课 3과
베이징에 도착하는 데 몇 시간 걸리죠?
到北京要几个小时?
Dào Běijīng yào jǐ ge xiǎoshí?
- 내용: 시간의 양 표현하기
- 주요 어법: 小时/分钟, 可以
- 단어: 공항에서 쓰는 말
- 수수께끼: 青蛙

第四课 4과
당신은 어느 나라 사람입니까?
你是哪国人?
Nǐ shì nǎ guó rén?
- 내용: 방향 표현하기
- 주요 어법: 哪国人, 방향을 나타내는 말
- 수수께끼: 민호를 찾아라

복습해 봐요. 1~4과

第五课 5과
너 중국어를 아주 잘 하는구나.
你说汉语说得很好。
Nǐ shuō Hànyǔ shuō de hěn hǎo.
- 내용: 정도 표현하기
- 주요 어법: 동작+得, 상태+得
- 중국 이야기: 중국의 교통수단

第六课 6과
너희들은 어디에서 온 거니?
你们是从哪儿来的?
Nǐmen shì cóng nǎr lái de?
- 내용: 과거 강조하기
- 주요 어법: 是…的, 从/到
- 중국 이야기: 중국 유명 도시 소개❶ 베이징의 명소

너 중국에 가 본 적 있니?

你去过中国吗?

Nǐ qùguo Zhōngguó ma?

이 과에서는요!

내일이면 여름 방학이 시작된대요. 민호는 이번 방학에 중국에 가려고 하나 봐요.
윤아는 중국에 가 본 적이 없다고 하는데, 우리 함께 중국에 가자고 얘기해 볼까요?
이번 과에서는 '~해 본 적이 있다'와 '한 번'에 대해 배워 봐요.

1 ~해 본 적이 있다 

2 한 번 

- 放假 fàng jià 방학하다
- 旅游 lǚyóu 여행하다
- 过 guo ~해 본 적이 있다
- 次 cì 번[횟수를 나타내는 양사]
- 还 hái 아직
- 没 méi ~안 했다

함께 중국어로 대화해 보아요.

Track01-02

방학이라 신이 난 민호와 윤아. 민호가 중국에 놀러 간다고 하니 윤아도 같이 가고 싶은가 봐요. 함께 중국으로 떠나 볼까요?

明天我们放假！

Míngtiān wǒmen fàng jià!

你想干什么？

Nǐ xiǎng gàn shénme?

我想去中国旅游。

Wǒ xiǎng qù Zhōngguó lǚyóu.

你去过中国吗？

Nǐ qùguo Zhōngguó ma?

我去过一次，你呢？

Wǒ qùguo yí cì, nǐ ne?

我还没去过。

Wǒ hái méi qùguo.

太好了，你也去吧！

Tài hǎo le, nǐ yě qù ba!

好，我们一起去吧！

Hǎo, wǒmen yìqǐ qù ba!

1 과거의 경험을 나타내는 말 过

동작 뒤에 **过 guo**가 오게 되면 '~한 적 있다, ~해 본 적이 있다'라는 뜻으로 과거의 경험을 나타내게 됩니다. '~한 적 없다, ~해 본 적이 없다'라는 부정은 **不**가 아닌 **没 méi**를 써서 **没+동작+过**로 표현하는데, **没** 앞에 '아직'이라는 뜻의 **还 hái**를 넣기도 합니다.

你学过韩语吗? 너 한국어 배워 본 적 있어?
Nǐ xuéguo Hányǔ ma?

我学过韩语。 나는 한국어 배워 본 적 있어.
Wǒ xuéguo Hányǔ.

你坐过飞机吗? 너 비행기 타 본 적 있어?
Nǐ zuòguo fēijī ma?

我还没坐过。 나 아직 타 본 적 없어.
Wǒ hái méi zuòguo.

잠깐!

긍정과 부정을 같이 써서 '~해 본 적 있니, 없니?'라고 묻어보려면 문장 맨 뒤에 吗 ma 대신 没有 méiyǒu만 넣어 주면 됩니다.

你去过中国没有? 너 중국에 가 본 적 있어, 없어?
Nǐ qùguo Zhōngguó méiyǒu?

你学过韩语没有? 너 한국어 배워 본 적 있어, 없어?
Nǐ xuéguo Hányǔ méiyǒu?

韩语 Hányǔ 한국어 | 坐 zuò 타다 | 飞机 fēijī 비행기

2 동작의 횟수를 나타내는 말 次

次 cì는 동작 뒤에 쓰여서 동작을 몇 번 했는지를 나타내는 말로서, **동작+숫자+次**의 순서로 만들어 주면 됩니다. 비슷한 말로 **遍 biàn**이 있는데, 주로 영화, 책 등을 보거나 이야기하는 것에 대한 동작의 횟수에 쓴답니다.

你吃过羊肉串儿吗? 너 양꼬치 먹어 봤어?
Nǐ chīguo yángròuchuànr ma?

我吃过一次，非常好吃。나 한 번 먹어 봤는데, 굉장히 맛있어.
Wǒ chīguo yí cì, fēicháng hǎochī.

你坐过飞机吗? 너 비행기 타 봤어?
Nǐ zuòguo fēijī ma?

我坐过三次。나 세 번 타 봤어.
Wǒ zuòguo sān cì.

你看过中国动画片吗? 너 중국 애니메이션 본 적 있어?
Nǐ kànguo Zhōngguó dònghuàpiàn ma?

我看过一遍。나 한 번 본 적 있어.
Wǒ kànguo yí biàn.

羊肉串儿 yángròuchuànr 양꼬치 | 动画片 dònghuàpiàn 애니메이션

잘 듣고 쓰기

听听

배운 내용을 들으며 복습해 보아요.

Track01-05

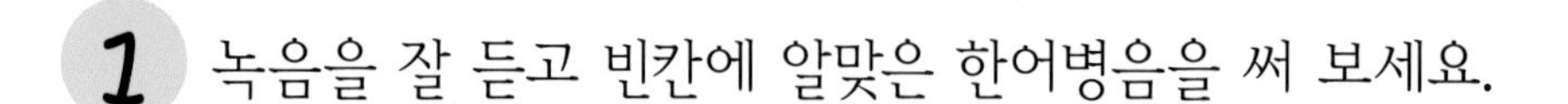

1 녹음을 잘 듣고 빈칸에 알맞은 한어병음을 써 보세요.

① ☐☐n☐ j☐☐

② ☐☐☐☐g g☐☐

③ y☐ ☐☐

Track01-06

2 녹음을 잘 듣고 빈칸에 알맞은 단어를 보기 에서 골라 써 넣으세요.

보기
还没 hái méi
一遍 yí biàn
羊肉串儿 yángròuchuànr

① 我________坐过飞机。

② 我看过________。

③ 你吃过____________吗?

Track01-07

3 녹음을 잘 듣고 다음 친구들이 무엇을 몇 번 해 봤는지 연결해 보세요.

①  • • 坐过飞机 • • 一遍

②  • • 去过中国 • • 三次

③  • • 看过中国动画片 • • 一次

자신 있게 말해 보아요.

1 다음 그림을 보고 대화를 완성한 후 큰 소리로 말해 보세요.

① 

A 她学过韩语吗?

B ______________________。

② 

A 他坐过飞机吗?

B ______________________。

③ 

A 他看过中国动画片吗?

B ______________________。

④ 

A 他吃过羊肉串儿吗?

B ______________________。

中国故事

즐거운 중국 이야기

중국의 유명 관광지

중국은 유구한 역사와 세계 4위에 이르는 국토 면적을 가지고 있는 나라로, 각 지역마다 수없이 많은 유적과 관광지, 볼거리가 있습니다.

그중에서 아름다운 자연환경을 자랑하는 대표적인 관광지를 꼽으라면 쓰촨성의 구채구 九寨沟 Jiǔzhàigōu, 광시좡족자치구의 계림 桂林 Guìlín, 저장성의 황산 黄山 Huángshān, 후난성의 장가계 张家界 Zhāngjiājiè, 윈난성의 리장 丽江 Lìjiāng, 충칭에서 후베이에 이르는 장강삼협 长江三峡 Chángjiāng sānxiá 등이 있는데, 그 웅장함과 아름다움은 이루 말할 수 없을 정도입니다.

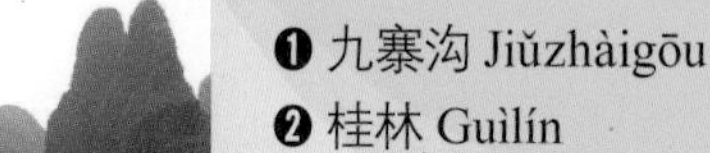

❶ 九寨沟 Jiǔzhàigōu
❷ 桂林 Guìlín
❸ 黄山 Huángshān
❹ 张家界 Zhāngjiājiè
❺ 丽江 Lìjiāng

秦始皇陵 Qínshǐ Huánglíng

云冈石窟 Yúngāng Shíkū

또 산시(陕西)성 서안의 진시황릉 秦始皇陵 Qínshǐ Huánglíng, 산시(山西)성의 운강석굴 云冈石窟 Yúngāng Shíkū, 베이징의 자금성 紫禁城 Zǐjìnchéng과 이화원 颐和园 Yíhéyuán, 티베트의 라싸 拉萨 Lāsà 등은 수천, 수백 년의 역사를 지닌 유적지로 중국에는 이처럼 수려한 자연환경과 오래된 역사 유적지가 셀 수 없을 정도로 많이 있답니다.
자! 그럼 우리도 중국의 유명 관광지로 출발해 볼까요?

颐和园 Yíhéyuán

拉萨 Lāsà

나 지금 비행기표 예약하고 있어.

我在订飞机票。

Wǒ zài dìng fēijīpiào.

이 과에서는요!

우리 친구들이 들뜬 마음으로 각자 바쁘게 여행 준비를 하고 있네요.
친구들이 어떤 여행 준비를 하고 있는지 물어볼까요?
이번 과에서는 '~을 하고 있다'와 '~을 하고 있지 않다'라는 표현에 대해 배워 봐요.

표현 쑥쑥

1 ~을 하고 있다 正/在/正在/呢

2 ~을 하고 있지 않다 没在

단어 쑥쑥

- 在 zài ~하는 중이다
- 订 dìng 예약하다
- 飞机票 fēijīpiào 비행기표
- 正在 zhèngzài (마침) ~하는 중이다
- 收拾 shōushi 정리하다, (짐을) 싸다, 꾸리다
- 行李 xíngli 짐
- 旅游指南 lǚyóu zhǐnán 여행 안내서

会话

함께 중국어로 대화해 보아요.

중국으로 떠날 날이 얼마 남지 않았어요. 비행기표를 예약하고, 여행 안내서를 보고 또 각자의 짐을 싸느라 다들 정신이 없네요.

你在干什么?

Nǐ zài gàn shénme?

我在订飞机票。

Wǒ zài dìng fēijīpiào.

荷娜呢?

Hénà ne?

她正在收拾行李。

Tā zhèngzài shōushi xíngli.

东民也在收拾行李吗?

Dōngmín yě zài shōushi xíngli ma?

他没在收拾行李。

Tā méi zài shōushi xíngli.

他干什么呢?

Tā gàn shénme ne?

他在看旅游指南。

Tā zài kàn lǚyóu zhǐnán.

1 현재 진행을 나타내는 말 正/在/正在/呢

동작 앞에 正 zhèng, 在 zài, 正在 zhèngzài가 오거나 문장 끝에 呢 ne가 올 경우에 '지금 ~하고 있는 중이다'라는 현재 진행의 표현이 됩니다.

你在干什么? 너 지금 뭐 하고 있니?
Nǐ zài gàn shénme?

我在听流行歌曲。 나 지금 유행가 듣고 있는 중이야.
Wǒ zài tīng liúxíng gēqǔ.

你在干什么? 너 지금 뭐 하고 있니?
Nǐ zài gàn shénme?

我正吃午饭呢。 나 지금 점심 먹고 있는 중이야.
Wǒ zhèng chī wǔfàn ne.

你爸爸在干什么? 너희 아버지는 지금 뭐 하고 계시니?
Nǐ bàba zài gàn shénme?

我爸爸正在开车。 우리 아버지께서는 지금 운전 중이셔.
Wǒ bàba zhèngzài kāi chē.

流行歌曲 liúxíng gēqǔ 유행가 | **午饭** wǔfàn 점심 식사 | **开车** kāi chē 운전하다

2 현재 진행을 부정하기

'지금 ~하고 있는 중이 아니다'라고 현재 진행을 부정할 때는 **没在 méi zài**를 동작 앞에 넣어 주면 됩니다.

你在玩儿电脑吧? 너 지금 컴퓨터 하고 있지?
Nǐ zài wánr diànnǎo ba?

我没在玩儿电脑。 저 컴퓨터 하고 있는 거 아니에요.
Wǒ méi zài wánr diànnǎo.

你在唱歌吗? 너 지금 노래 부르고 있니?
Nǐ zài chàng gē ma?

我没在唱歌，我在听音乐呢。
Wǒ méi zài chàng gē, wǒ zài tīng yīnyuè ne. 나는 노래 부르고 있지 않고, 음악 듣고 있어.

你妈妈在做饭吗? 너희 어머니께서는 밥하고 계시니?
Nǐ māma zài zuò fàn ma?

我妈妈没在做饭，正在看电视。
Wǒ māma méi zài zuò fàn, zhèngzài kàn diànshì.
우리 엄마는 밥하고 계시지 않고, 텔레비전을 보고 계셔.

唱歌 chàng gē 노래 부르다 | **音乐** yīnyuè 음악 | **做饭** zuò fàn 밥을 짓다, 밥을 하다

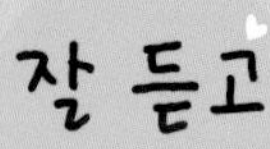

배운 내용을 들으며 복습해 보아요.

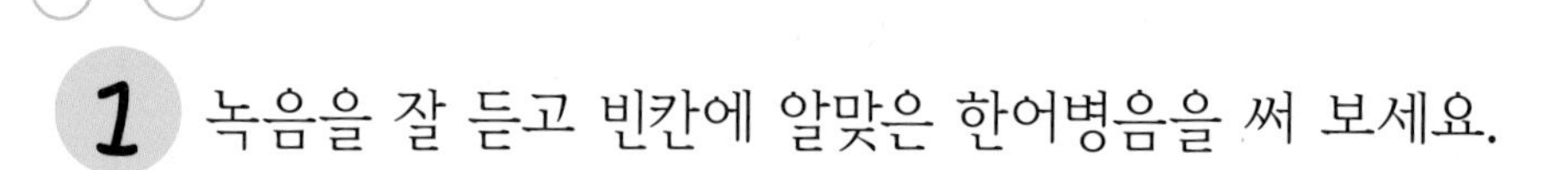

1 녹음을 잘 듣고 빈칸에 알맞은 한어병음을 써 보세요.

① f _ _ j _ p _ _ _

② s _ _ _ _ h _

③ _ h _ n _ _

2 녹음을 잘 듣고 빈칸에 알맞은 단어를 보기 에서 골라 써 넣으세요.

보기
呢 ne
行李 xíngli
正在 zhèngzài

① 她正在收拾________。

② 我________玩儿电脑。

③ 我爸爸在开车____。

3 녹음을 잘 듣고 다음 친구들이 무엇을 하고 있는지 연결해 보세요.

① 

② 

③ 

看书　　听流行歌曲　　订飞机票

그림 보고 말하기 说说

자신 있게 말해 보아요.

1 다음 그림을 보고 대화를 완성한 후 큰 소리로 말해 보세요.

①

A 她们在干什么?

B ______________________。

②

A 爸爸在干什么?

B ______________________。

③

A 她在唱歌吗?

B ______________________。

④

A 妈妈在做饭吗?

B ______________________。

여행용품과 관련된 단어, 중국어로 알아볼까요?

护照 hùzhào 여권

签证 qiānzhèng 비자

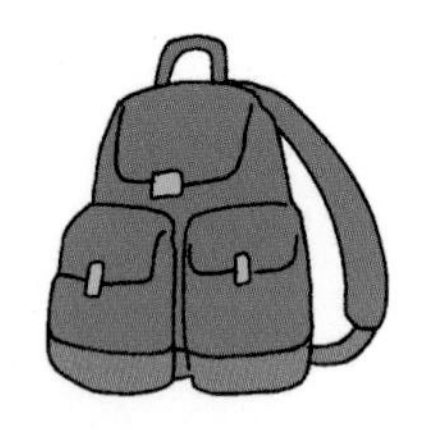

背包 bēibāo 배낭

防晒霜 fángshàishuāng 선크림

帽子 màozi 모자

太阳镜 tàiyángjìng 선글라스

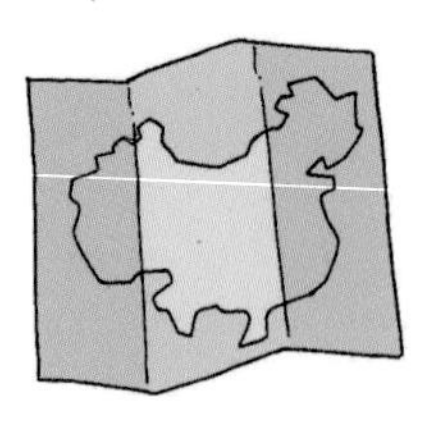

地图 dìtú 지도

数码相机 shùmǎ xiàngjī 디지털카메라

谜语

중국어와 신나게 놀아 보아요.

不用似根棍,

Bú yòng sì gēn gùn,

用时半个球,

yòng shí bàn ge qiú,

人在下面走,

rén zài xiàmiàn zǒu,

水在上边流。

shuǐ zài shàngbian liú.

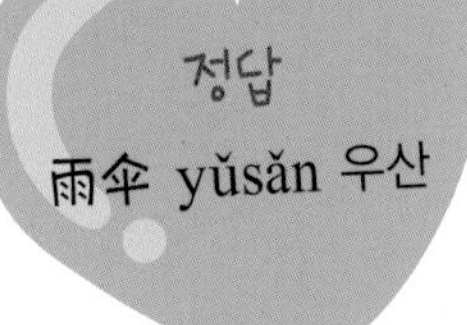

안 쓰면 방망이 같고,
쓸 때는 반쪽짜리 공 같아요.
사람들이 아래에서 걸어 다니고,
물은 위에서 흘러요.

Track03-01

베이징에 도착하는 데 몇 시간 걸리죠?

到北京要几个小时?

Dào Běijīng yào jǐ ge xiǎoshí?

到北京要几个小时?
Dào Běijīng yào jǐ ge xiǎoshí?
要一个半小时。
Yào yí ge bàn xiǎoshí.

이 과에서는요!

우리 친구들이 드디어 비행기를 타고 중국 여행을 갑니다.
그런데 민호가 스튜어디스 누나에게 말을 걸고 있어요. 무슨 일일까요?
이번 과에서는 '시간의 양'과 '~해도 되다'에 대해 배워 봐요.

표현 쏙쏙

1 시간의 양 小时 / 分钟

2 ~해도 되다 可以

단어 쏙쏙

- 到 dào ~에 도착하다
- 北京 Běijīng 베이징
- 要 yào (시간이) 걸리다
- 小时 xiǎoshí 시간
- 出发 chūfā 출발하다
- 分钟 fēnzhōng 분
- 以后 yǐhòu 이후
- 可以 kěyǐ ~해도 되다, ~해도 좋다

함께 중국어로 대화해 보아요.

드디어 베이징으로 출발! 비행기에 탄 우리 친구 민호가 스튜어디스 누나에게 이것저것 물어봐요. 어떤 내용일까요?

你好，姐姐！

Nǐ hǎo, jiějie!

你好，请坐。

Nǐ hǎo, qǐng zuò.

到北京要几个小时？

Dào Běijīng yào jǐ ge xiǎoshí?

要一个半小时。

Yào yí ge bàn xiǎoshí.

我们什么时候出发？

Wǒmen shénme shíhou chūfā?

十分钟以后就出发。

Shí fēnzhōng yǐhòu jiù chūfā.

现在可以打电话吗？

Xiànzài kěyǐ dǎ diànhuà ma?

现在不可以打电话。

Xiànzài bù kěyǐ dǎ diànhuà.

1 시간의 양을 나타내는 말 小时/分钟

小时 xiǎoshí와 **分钟 fēnzhōng**은 시간을 나타내는 숫자 뒤에 쓰여서 시간의 양을 나타내는데, **一个小时**는 '한 시간 (동안)', **半个小时**나 **三十分钟**은 '30분간'이라는 뜻이 돼요. 시간의 양은 **几个小时 jǐ ge xiǎoshí**(몇 시간)나 **多长时间 duō cháng shíjiān**(얼마나 오래)으로 물어보면 됩니다.

老师，我们很累。 선생님, 저희 힘들어요.
Lǎoshī, wǒmen hěn lèi.

好，休息十分钟。 좋아, 10분간 쉬자.
Hǎo, xiūxi shí fēnzhōng.

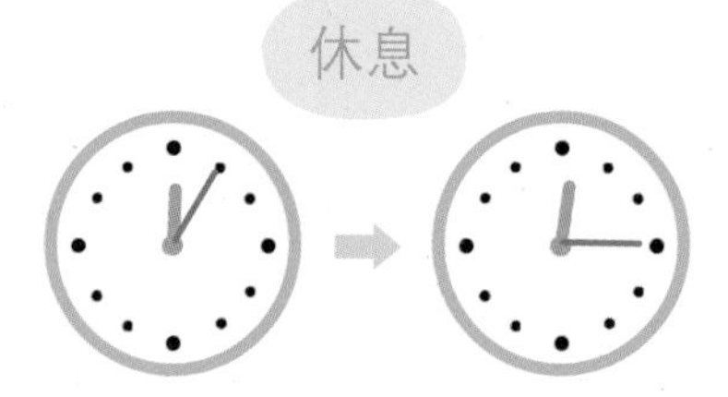

去上海要多长时间？ 상하이에 가려면 얼마나 오래 걸려?
Qù Shànghǎi yào duō cháng shíjiān?

要两个半小时。 두 시간 반 걸려.
Yào liǎng ge bàn xiǎoshí.

你每天睡几个小时？ 너 매일 몇 시간 자니?
Nǐ měitiān shuì jǐ ge xiǎoshí?

我每天睡七个小时。 나 매일 7시간 자.
Wǒ měitiān shuì qī ge xiǎoshí.

休息 xiūxi 쉬다 | 上海 Shànghǎi 상하이 | 睡 shuì 자다

2 ~해도 되다 可以

可以 kěyǐ는 동작 앞에 쓰여서 '~해도 되다, ~해도 좋다'라는 허락을 나타내는 말입니다. '~하면 안 된다'는 **不可以 bù kěyǐ**로, 긍정과 부정을 같이 써서 물어볼 땐 **可不可以 kě bu kěyǐ**라고 하면 되겠죠?

妈妈，我可以去中国吗？ 엄마, 저 중국에 가도 돼요?
Māma, wǒ kěyǐ qù Zhōngguó ma?

当然可以去。 당연히 가도 되지.
Dāngrán kěyǐ qù.

老师，我们可以吃这个吗？ 선생님, 저희 이거 먹어도 돼요?
Lǎoshī, wǒmen kěyǐ chī zhège ma?

你们不可以吃这个。 너희들 이거 먹으면 안 돼.
Nǐmen bù kěyǐ chī zhège.

我可不可以用你的电脑？ 네 컴퓨터 써도 되니 안 되니?
Wǒ kě bu kěyǐ yòng nǐ de diànnǎo?

可以用我的电脑。 내 컴퓨터 써도 돼.
Kěyǐ yòng wǒ de diànnǎo.

当然 dāngrán 당연히 | 用 yòng 쓰다

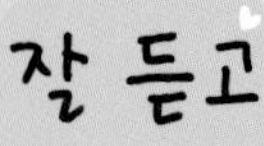

听 听

잘 듣고 쓰기

배운 내용을 들으며 복습해 보아요.

Track03-05

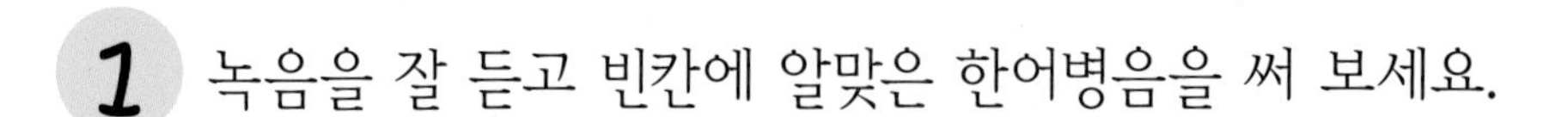

1 녹음을 잘 듣고 빈칸에 알맞은 한어병음을 써 보세요.

① f__ __ z__ __ __ __

② j__ g__ __i__ __ __h__

③ c__ __ f__

Track03-06

2 녹음을 잘 듣고 빈칸에 알맞은 단어를 보기 에서 골라 써 넣으세요.

보기
多长时间 duō cháng shíjiān
可以 kěyǐ
分钟 fēnzhōng

① 现在__________打电话吗?

② 十__________以后就出发。

③ 去上海要__________?

Track03-07

3 녹음을 잘 듣고 다음 동작을 하는 데 얼마의 시간이 걸리는지 연결해 보세요.

① • • 出发 • • 十分钟

② • • 睡觉 • • 一个半小时

③ • • 去北京 • • 七个小时

그림 보고 말하기

자신 있게 말해 보아요.

1 다음 그림을 보고 대화를 완성한 후 큰 소리로 말해 보세요.

① 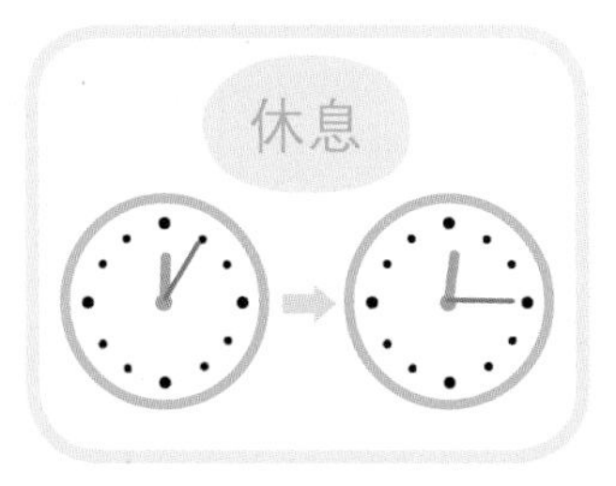

A 老师，我们很累。

B 好，________________。

② 

A 去上海要多长时间？

B 要________________。

③ 

A 妈妈，我可以去中国吗？

B ____________________。

④ 

A 我可不可以用你的电脑？

B ____________________。

공항과 관련된 단어, 중국어로 알아볼까요?

机场
jīchǎng
공항

服务台
fúwùtái
안내 데스크

免税店
miǎnshuìdiàn
면세점

空中小姐
kōngzhōng xiǎojiě
스튜어디스

安检
ānjiǎn
안전 검사

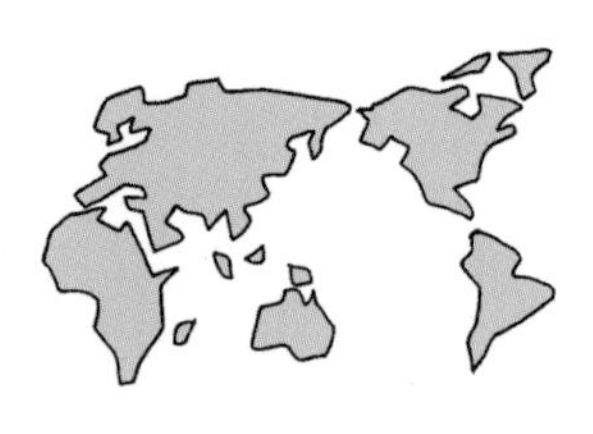

国际
guójì
국제

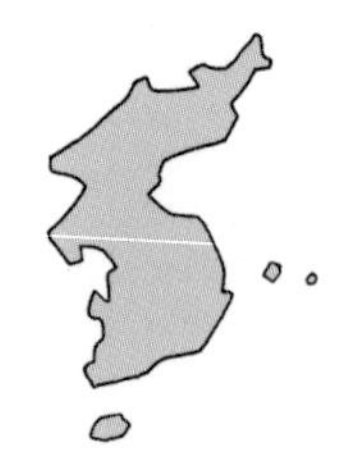

国内
guónèi
국내

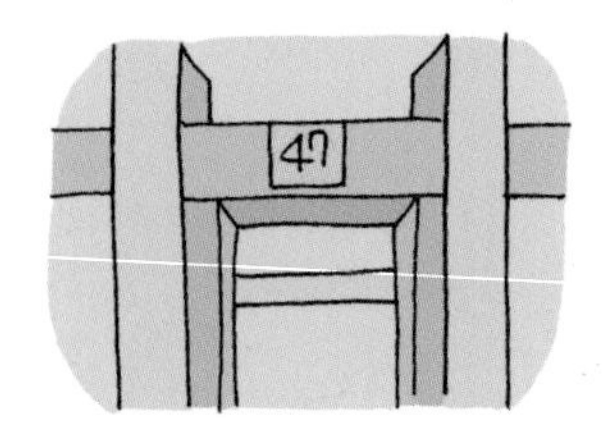

转机
zhuǎnjī
환승

谜语

신나는 수수께끼

중국어와 신나게 놀아 보아요.

一位游泳家，

Yí wèi yóuyǒngjiā,

说话呱呱呱，

shuō huà guā guā guā,

小时有尾没有脚，

xiǎo shí yǒu wěi méiyǒu jiǎo,

大时有脚没尾巴。

dà shí yǒu jiǎo méi wěiba.

한 명의 수영 선수인데,
'꽈 꽈 꽈'라고 말해요.
어릴 땐 꼬리는 있는데, 발은 없고,
커서는 발은 있는데, 꼬리가 없어요.

당신은 어느 나라 사람입니까?

你是哪国人?

Nǐ shì nǎ guó rén?

이 과에서는요!

드디어 베이징 공항에 도착한 친구들, 입국 신청을 하느라 좀 긴장한 것 같아요.
공항에서는 어떤 말들을 주고받을까요?
이번 과에서는 '어느 나라 사람'과 '방향을 나타내는 말'에 대해 배워 봐요.

표현 쑥쑥

1 어느 나라 사람 哪国人

2 방향을 나타내는 말

단어 쑥쑥

- 哪国 nǎ guó 어느 나라
- 留学 liú xué 유학하다
- 护照 hùzhào 여권
- 里边儿 lǐbianr 안쪽
- 钱包 qiánbāo 지갑

함께 중국어로 대화해 보아요.

비행기에서 내려 입국 신청을 합니다. 세관원이 윤아에게 이것저것 물어보네요.
어떻게 대답하는지 한번 들어 보세요.

你是哪国人？
Nǐ shì nǎ guó rén?

我是韩国人。
Wǒ shì Hánguórén.

你来中国留学吗？
Nǐ lái Zhōngguó liú xué ma?

不，我来中国旅游。
Bù, wǒ lái Zhōngguó lǚyóu.

你的护照在哪儿？
Nǐ de hùzhào zài nǎr?

在这儿。
Zài zhèr.

书包里边儿有什么？
Shūbāo lǐbianr yǒu shénme?

有钱包和旅游指南。
Yǒu qiánbāo hé lǚyóu zhǐnán.

1 어느 나라 사람 哪国人

哪国人 nǎ guó rén은 '어느 나라 사람'이라는 뜻입니다. 어느 지역 사람인지 물어 보려면, **哪里人 nǎli rén**이라는 표현을 사용하면 됩니다.

你是哪国人? 당신은 어느 나라 사람입니까?
Nǐ shì nǎ guó rén?

我是美国人。저는 미국 사람입니다.
Wǒ shì Měiguórén.

她是哪国人? 그녀는 어느 나라 사람이니?
Tā shì nǎ guó rén?

她是日本人。그녀는 일본 사람이야.
Tā shì Rìběnrén.

你是中国哪里人? 너는 중국 어디 사람이니?
Nǐ shì Zhōngguó nǎli rén?

我是北京人。난 베이징 사람이야.
Wǒ shì Běijīngrén.

美国 Měiguó 미국 | 日本 Rìběn 일본

2 방향을 나타내는 말

방향을 나타내는 말로는 上边儿 shàngbianr (위), 下边儿 xiàbianr (아래), 前边儿 qiánbianr (앞), 后边儿 hòubianr (뒤), 里边儿 lǐbianr (안), 外边儿 wàibianr (밖), 旁边儿 pángbiānr (옆) 등이 있습니다. 旁边儿만 边儿을 1성으로 읽습니다.

妈妈，我的大衣在哪儿？ 엄마, 제 코트 어디에 있어요?
Māma, wǒ de dàyī zài nǎr?

在衣柜里边儿。 옷장 안에 있어.
Zài yīguì lǐbianr.

荷娜在哪儿？ 하나는 어디에 있니?
Hénà zài nǎr?

荷娜在我旁边儿。 하나는 내 옆에 있어.
Hénà zài wǒ pángbiānr.

你家前边儿有什么？ 너희 집 앞에는 뭐가 있니?
Nǐ jiā qiánbianr yǒu shénme?

有一家商店。 상점이 하나 있어.
Yǒu yì jiā shāngdiàn.

大衣 dàyī 코트, 외투 | **衣柜** yīguì 옷장 | **家** jiā 채[집, 건물 등을 세는 양사]

听听

잘 듣고 쓰기

배운 내용을 들으며 복습해 보아요.

Track04-05

1 녹음을 잘 듣고 빈칸에 알맞은 한어병음을 써 보세요.

① n __ g __ __ r __ __

② l __ __ __ u __

③ l __ __ i __ __ __

Track04-06

2 녹음을 잘 듣고 빈칸에 알맞은 단어를 보기 에서 골라 써 넣으세요.

보기
哪里人 nǎli rén
哪国人 nǎ guó rén
日本人 Rìběnrén

① 你是__________?

② 你是中国__________?

③ 她是__________。

Track04-07

3 녹음을 잘 듣고 친구들의 물건이 어느 쪽에 있는지 연결해 보세요.

①  • •  • • 

②   • •  • • 我们前边儿

③  • •  • • 电脑旁边儿

说说

그림 보고 말하기

자신 있게 말해 보아요.

1 다음 그림을 보고 대화를 완성한 후 큰 소리로 말해 보세요.

①

A 他是哪国人?

B ______________________。

②

A 她是哪国人?

B ______________________。

③

A 荷娜在哪儿?

B ______________________。

④

A 你家前边儿有什么?

B ______________________。

谜语

신나는 수수께끼

중국어와 신나게 놀아 보아요.

민호를 찾아라!

친구들이 왕푸징 거리에 놀러 갔다가 중국 전통 가면을 사서 썼는데, 누가 누군지 잘 모르겠네요. 힌트 1과 힌트 2를 보고 친구들의 이름을 각각 써 본 후, 민호가 누구인지 알아맞혀 보세요.

아래의 힌트를 잘 읽어 본 후 민호를 찾아보고, 또 다른 힌트를 만들어 친구들에게 들려 주거나, 다른 친구를 찾는 수수께끼 놀이를 해 보세요.

힌트 1

允儿在东民旁边儿。
东民在文具店前边儿。
荷娜在幼儿园旁边儿。
张老师在书店旁边儿。
:
:

힌트2

商店旁边儿有一只狗。
医院后边儿有允儿。
允儿旁边儿有东民。
张老师前边儿有荷娜。
:
:

文具店 wénjùdiàn 문구점 | 幼儿园 yòu'éryuán 유치원 | 只 zhī 마리[동물을 세는 양사] | 狗 gǒu 개

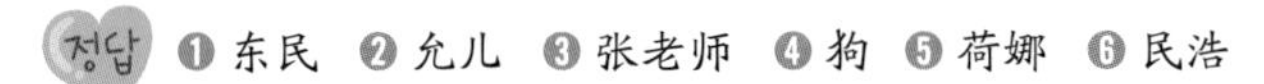

정답 ❶ 东民 ❷ 允儿 ❸ 张老师 ❹ 狗 ❺ 荷娜 ❻ 民浩

복습 해 봐요.

1~4과를 공부하고 실력을 점검해 보세요.

1 보기의 단어를 사용하여 대화를 완성해 보세요.

보기	可乐 kělè	过 guo	没在 méi zài	上边儿 shàngbianr	多长时间 duō cháng shíjiān	呢 ne	一次 yí cì

①

A 她去过中国没有?

B 她去___ _____。

②

A 她在唱歌吗?

B 她_____唱歌，

她在听音乐___。

③

A 去韩国要_________?

B 要三个小时。

④

A 桌子_______有什么?

B 有面包、巧克力和____。

2 그림에 알맞은 질문과 대답을 연결한 후 그림에 맞춰 빈칸을 채워 보세요.

① 老师，可以用这个吗？ — 我坐过＿＿＿＿＿。

② 你坐过飞机吗？ — 我正＿＿＿＿＿呢。

③ 她是哪国人？ — 你＿＿＿＿＿用。

④ 你在干什么？ — 她是＿＿＿＿＿。

너 중국어를 아주 잘 하는구나.

你说汉语说得很好。

Nǐ shuō Hànyǔ shuō de hěn hǎo.

你说汉语说得很好。
Nǐ shuō Hànyǔ shuō de hěn hǎo.
不，我说得不太好。
Bù, wǒ shuō de bú tài hǎo.

이 과에서는요!

왕 선생님의 친구이신 장 선생님께서 공항으로 친구들을 마중 나오셨네요.
장 선생님께서 윤아가 중국어를 아주 잘한다고 칭찬하십니다.
이번 과에서는 '동작의 정도'와 '상태의 정도'를 표현하는 방법에 대해 배워 봐요.

표현 쑥쑥

1 동작의 정도 — 동작+得

2 상태의 정도 — 상태+得

단어 쑥쑥

- 欢迎 huānyíng 환영하다
- 得 de (정도가) ~하다
- 热 rè 덥다
- 对 duì 맞다
- 厉害 lìhai 대단하다
- 张建 Zhāng Jiàn 장젠[사람 이름]

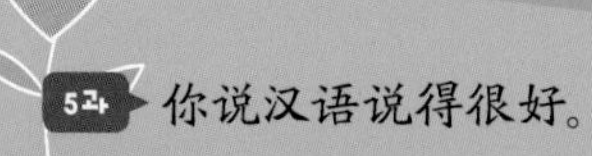

함께 중국어로 대화해 보아요.

베이징 공항에 도착하니 장 선생님께서 우리 친구들을 마중 나오셨네요.
이때 유창한 중국어로 대화하는 윤아, 정말 대단하지요?

您是张老师吗?

Nín shì Zhāng lǎoshī ma?

是的，我叫张建。

Shìde, wǒ jiào Zhāng Jiàn.

认识您很高兴。

Rènshi nín hěn gāoxìng.

欢迎你们来北京。

Huānyíng nǐmen lái Běijīng.

你说汉语说得很好。

Nǐ shuō Hànyǔ shuō de hěn hǎo.

不，我说得不太好。

Bù, wǒ shuō de bú tài hǎo.

北京很热吧!

Běijīng hěn rè ba!

对，热得很厉害!

Duì, rè de hěn lìhai!

1 동작의 정도 得

'말을 잘 하다'라는 표현을 하려면, '말하다(说 shuō)'라는 동작과 '좋다(好 hǎo)'라는 상태 사이에 **得 de**를 넣어 동작+得+상태로 만들고, 만약 '중국어(汉语 Hànyǔ)'라는 목적어를 포함하려면 앞에 동작을 한 번 더 추가하여 동작+목적어+동작+得+상태로 표현합니다.

你们过得好吗? 너희들 잘 지내니?
Nǐmen guò de hǎo ma?

我们过得很好。 저희는 아주 잘 지내요.
Wǒmen guò de hěn hǎo.

你做菜做得怎么样? 너 요리하는 거 어떠니?(너 요리 잘 해?)
Nǐ zuò cài zuò de zěnmeyàng?

我做菜做得很好吃。 난 아주 맛있게 요리해.
Wǒ zuò cài zuò de hěn hǎochī.

부정을 할 땐, 동작+得+不(太)+상태로 하고 긍정과 부정을 같이 써서 물어볼 땐 동작+得+상태+不+상태로 물어봅니다.

哥哥跑得不太快。 오빠는 그다지 빨리 달리지 않는다.
Gēge pǎo de bú tài kuài.

姐姐吃得多不多? 언니는 많이 먹니 안 먹니?
Jiějie chī de duō bu duō?

过 guò 지내다, 보내다 | 跑 pǎo 달리다 | 多 duō 많다

2 상태의 정도 得

'덥다(热 rè)'와 같은 상태의 정도를 표현할 때도 **得 de**를 사용하는데, **得** 뒤에는 대부분 '아주(很 hěn)', '아주 대단하다(很厉害 hěn lìhai)'와 같은 단순한 표현이 옵니다.

今天天气怎么样? 오늘 날씨 어때?
Jīntiān tiānqì zěnmeyàng?

今天天气冷得很。 오늘 날씨 아주 추워.
Jīntiān tiānqì lěng de hěn.

你现在怎么样? 너 지금 어떠니?
Nǐ xiànzài zěnmeyàng?

我肚子疼得很厉害。 저 배가 심하게 아파요.
Wǒ dùzi téng de hěn lìhai.

那个怎么样? 그거 어때?
Nàge zěnmeyàng?

那个贵得很。 그거 아주 비싸.
Nàge guì de hěn.

天气 tiānqì 날씨 | 冷 lěng 춥다 | 肚子 dùzi 배 | 疼 téng 아프다 | 贵 guì 비싸다

잘 듣고 쓰기 听听

배운 내용을 들으며 복습해 보아요.

Track05-05

1 녹음을 잘 듣고 빈칸에 알맞은 한어병음을 써 보세요.

① l_ h__

② t___ q_

③ d_ __ t___

Track05-06

2 녹음을 잘 듣고 빈칸에 알맞은 단어를 보기 에서 골라 써 넣으세요.

보기
怎么样 zěnmeyàng
很厉害 hěn lìhai
不太好 bú tài hǎo

① 我说得__________。

② 你做菜做得__________?

③ 我肚子疼得__________。

Track05-07

3 녹음을 잘 듣고 친구들이 어떠한지 연결해 보세요.

① 

② 

③ 

吃得不太多　　跑得很快　　疼得很厉害

说说

그림 보고 말하기

자신 있게 말해 보아요.

1 다음 그림을 보고 대화를 완성한 후 큰 소리로 말해 보세요.

①

A 他们过得好吗?

B ______________________。

②

A 她做菜做得怎么样?

B ______________________。

③

A 今天天气怎么样?

B ______________________。

④

A 他现在怎么样?

B ______________________。

중국의 교통수단

중국의 교통수단은 우리와 비슷하면서도 다른 점이 있는데요, 전철, 버스, 택시, 여객선, 비행기 등의 대중 교통수단은 기본적으로 거의 비슷합니다. 다만, 기차에는 대부분 침대칸 卧铺 wòpù와 식당칸 餐车 cānchē가 있는데, 광활한 중국을 종횡하려면, 짧게는 하루 이틀에서 길게는 일주일도 걸린다고 하니 침대칸과 식당칸은 필수겠지요.

卧铺 wòpù

침대칸은 1층, 2층, 3층으로 나누어져 있고, 목적지에 도착하면 차장이 와서 깨워 주기도 한답니다. 기차의 침대칸에 누워 하루 이틀씩 중국인들과 대화하며 보내는 기차 여행! 기차를 타고 중국 대륙을 달려 보는 것도 좋은 경험이 될 것 같지요?

餐车 cānchē

电车 diànchē

电车 diànchē

그리고 중국에는 우리들에게는 생소한 전차 电车 diànchē와 삼륜차 三轮车 sānlúnchē 등의 교통수단도 있답니다. 전차는 버스와 비슷하지만 위에 전철처럼 전선이 연결되어 있는 것이고, 삼륜차는 바퀴가 세 개 달린 자동차랍니다.

三轮车 sānlúnchē

三轮车 sānlúnchē

너희들은 어디에서 온 거니?

你们是从哪儿来的?

Nǐmen shì cóng nǎr lái de?

你们是从哪儿来的?
Nǐmen shì cóng nǎr lái de?
我们是从首尔来的。
Wǒmen shì cóng Shǒu'ěr lái de.

이 과에서는요!

장 선생님 댁에서 맛있게 식사를 하는 친구들.

장 선생님의 사모님은 한국 친구들이 중국어를 하는 게 신기하신지 이것저것 물어보시네요.

이번 과에서는 '~한 것이다'와 '~(에서)부터', '~까지'라는 표현에 대해 배워 봐요.

표현 쏙쏙

1 ~한 것이다 是…的

2 ~(에서)부터 / ~까지 从 / 到

단어 쏙쏙

- 是…的 shì…de ~한 것이다
- 从 cóng ~(에서)부터
- 首尔 Shǒu'ěr 서울
- 到 dào ~까지, ~로
- 天安门 Tiān'ānmén 천안문

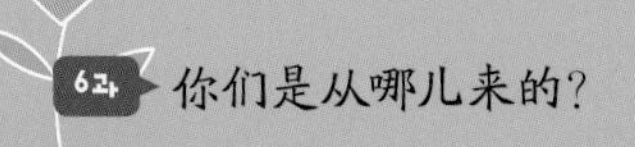

함께 중국어로 대화해 보아요.

우리 친구들이 장 선생님 댁에 초대를 받았어요. 맛있는 식사를 하며 선생님 사모님과 재미있게 대화를 나눕니다. 어떤 이야기를 하는 걸까요?

你们是从哪儿来的?
Nǐmen shì cóng nǎr lái de?

我们是从首尔来的。
Wǒmen shì cóng Shǒu'ěr lái de.

昨天来的吗?
Zuótiān lái de ma?

不是昨天来的。
Bú shì zuótiān lái de.

那，什么时候来的?
Nà, shénme shíhou lái de?

是今天来的。
Shì jīntiān lái de.

下午到哪儿去?
Xiàwǔ dào nǎr qù?

下午到天安门去。
Xiàwǔ dào Tiān'ānmén qù.

1 ~한 것이다 是…的

'~한 것이다'라고 과거의 동작을 강조할 때는 **是+동작+的**로 표현합니다. 때에 따라서 **是 shì**를 생략하기도 하는데, **不是 bú shì**라고 부정할 때는 생략을 할 수 없습니다.

你们是坐什么来的？ 너희들은 무엇을 타고 온 거니?
Nǐmen shì zuò shénme lái de?

我们是坐船来的。 우리들은 배를 타고 온 거야.
Wǒmen shì zuò chuán lái de.

你是为什么来中国的？ 너는 중국에 왜 온 거니?
Nǐ shì wèishénme lái Zhōngguó de?

我是来学习汉语的。 나는 중국어를 공부하러 온 거야.
Wǒ shì lái xuéxí Hànyǔ de.

你跟他一起来的吗？ 너는 그와 함께 온 거니?
Nǐ gēn tā yìqǐ lái de ma?

不是跟他一起来的。 그와 함께 온 게 아니야.
Bú shì gēn tā yìqǐ lái de.

船 chuán 배 | **学习** xuéxí 공부하다

2 ~(에서)부터 / ~까지

从 cóng은 우리말의 '~(에서)부터'라는 뜻이고, **到 dào**는 '~까지' 또는 '~로'라는 뜻입니다. 뒤에는 대부분 장소나 시간이 옵니다.

从什么时候开始减肥? 언제부터 다이어트 할까?
Cóng shénme shíhou kāishǐ jiǎn féi?

从明天开始吧。 내일부터 하자.
Cóng míngtiān kāishǐ ba.

你到哪儿去? 너 어디로 가니?
Nǐ dào nǎr qù?

我到上海去。 나 상하이로 가.
Wǒ dào Shànghǎi qù.

我们从三点到四点休息。 우리 3시부터 4시까지 쉬자.
Wǒmen cóng sān diǎn dào sì diǎn xiūxi.

太好了。 좋아.
Tài hǎo le.

开始 kāishǐ 시작하다 | 减肥 jiǎn féi 다이어트 하다

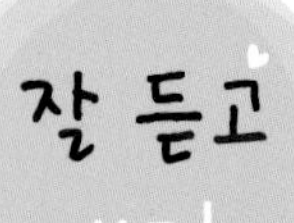

잘 듣고 쓰기 听听

배운 내용을 들으며 복습해 보아요.

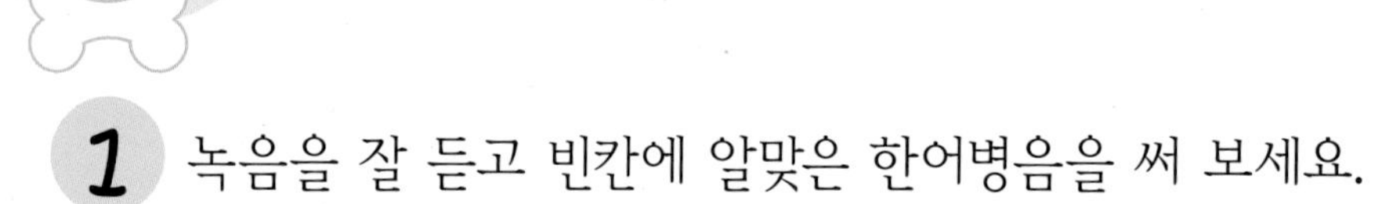

1 녹음을 잘 듣고 빈칸에 알맞은 한어병음을 써 보세요.

① S _ _ _   _ r

② j _ _ _   _ _ i

③ T _ _ _   _ n   _ _ n

2 녹음을 잘 듣고 빈칸에 알맞은 단어를 보기 에서 골라 써 넣으세요.

보기 开始 kāishǐ 的 de 到 dào 从 cóng 是 shì 去 qù

① 下午________天安门________。

② 你________为什么来中国________？

③ ________明天________吧。

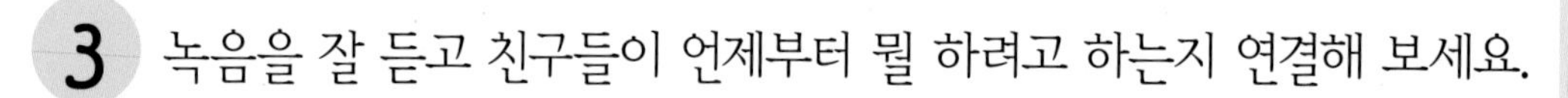

3 녹음을 잘 듣고 친구들이 언제부터 뭘 하려고 하는지 연결해 보세요.

① • • 明天 • • 学英语

② • • 十一点 • • 睡觉

③ • • 下个月 • • 减肥

자신 있게 말해 보아요.

1 다음 그림을 보고 대화를 완성한 후 큰 소리로 말해 보세요.

① 

A 他们是坐什么来的?

B ______________________。

② 

A 他是为什么来中国的?

B ______________________。

③ 

A 从什么时候开始减肥?

B ______________________。

④ 

A 他到哪儿去?

B ______________________。

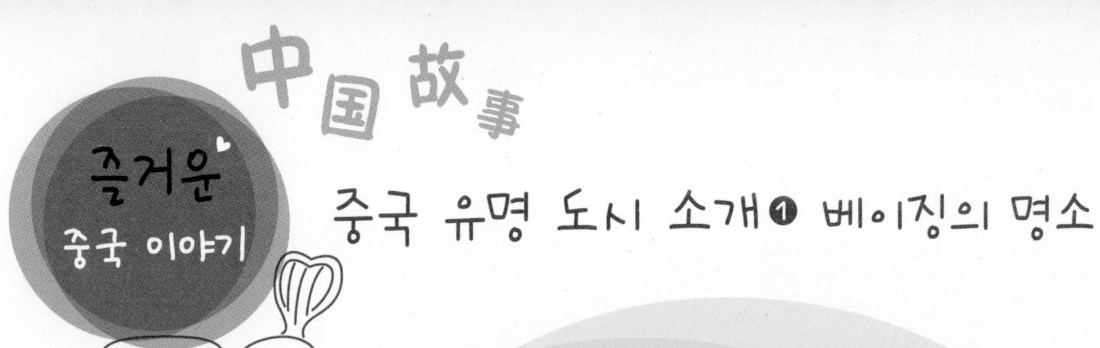

중국 유명 도시 소개 ❶ 베이징의 명소

베이징은 중국의 수도로, 1153년에 금나라의 수도로 정해진 이후 원나라와 명나라, 청나라, 그리고 현재에 이르기까지 850여 년간 중국의 수도로 정치와 경제, 교육의 중심 역할을 해 오고 있습니다.

베이징에는 명나라와 청나라의 궁궐이 었던 자금성 紫禁城 Zǐjìnchéng, 청나라 서태후의 별장이었던 이화원 颐和园 Yíhéyuán, 황제가 제사를 지냈던 천단 天坛 Tiāntán 등 세계문화유산으로 지정된 유적들이 많을 뿐만 아니라,

紫禁城 Zǐjìnchéng

紫禁城 Zǐjìnchéng

天坛 Tiāntán

王府井 Wángfǔjǐng

王府井 Wángfǔjǐng

베이징 최대 번화가인 왕푸징 王府井 Wángfǔjǐng, 우리의 용산 전자상가와 같은 중관촌 中关村 Zhōngguāncūn 등 최신 문화와 첨단 과학을 자랑하는 곳이 함께 어우러져 있고, 베이징대학 北京大学 Běijīng Dàxué, 칭화대학 清华大学 Qīnghuá Dàxué, 런민대학 人民大学 Rénmín Dàxué 와 같은 중국 최고의 대학들도 있어서 베이징 사람들은 굉장한 자부심을 가지고 있다고 하네요.

北京大学 Běijīng Dàxué

第七课

Track07-01

내가 맛 좀 봐도 될까?

我可以尝尝吗?

Wǒ kěyǐ chángchang ma?

我可以尝尝吗?
Wǒ kěyǐ chángchang ma?
当然可以。
Dāngrán kěyǐ.

이 과에서는요!

베이징의 길거리에서 하나가 맛있는 양꼬치를 사고 있어요.
먹보 동민이가 옆에서 보다가 맛 좀 보자고 하네요.
참새가 방앗간을 그냥 지나칠 리가 없겠죠?
이번 과에서는 '동작 반복'과 '상태 반복'에 대해 배워 봐요.

표현 쑥쑥

1 동작 반복 尝尝

2 상태 반복 慢慢儿

단어 쑥쑥

- 小吃 xiǎochī 간식
- 羊肉串儿 yángròuchuànr 양꼬치
- 尝 cháng 맛보다
- 哇 wā 와![깜짝 놀랐을 때 쓰는 감탄사]
- 慢 màn 느리다

会话

함께 중국어로 대화해 보아요.

베이징의 길거리는 구석구석 참 재미있는 게 많아요. 그 중 빠질 수 없는 것은 단연 먹을거리겠죠. 그럼 함께 양꼬치를 먹어 볼까요?

你在干什么？
Nǐ zài gàn shénme?

我在买小吃呢。
Wǒ zài mǎi xiǎochī ne.

这是什么？
Zhè shì shénme?

这是羊肉串儿。
Zhè shì yángròuchuànr.

我可以尝尝吗？
Wǒ kěyǐ chángchang ma?

当然可以。
Dāngrán kěyǐ.

哇！ 太好吃了。
Wā! Tài hǎochī le.

你慢慢儿吃吧！
Nǐ mànmānr chī ba!

1 동작 반복하기

중국어에서는 동작을 반복하여 말하면 '좀 ~하다'는 말이 되는데, 이때 뒤에 오는 동작은 경성으로 약하게 읽어야 합니다. 그리고 때로는 동작과 동작 사이에 **一 yī**를 넣기도 합니다. 또 **休息 xiūxi**(쉬다) 같은 두 글자의 동작은 **休息休息 xiūxi xiūxi**처럼 반복합니다.

你来看看这个吧！ 너 와서 이것 좀 봐!
Nǐ lái kànkan zhège ba!

这个很漂亮！ 이거 아주 예쁘다!
Zhège hěn piàoliang!

你听一听这首歌吧！ 너 이 노래 좀 들어 봐!
Nǐ tīng yi tīng zhè shǒu gē ba!

我不太喜欢这首歌。 나는 이 노래 별로 좋아하지 않아.
Wǒ bú tài xǐhuan zhè shǒu gē.

我最近太累了！ 나 요즘 너무 피곤해!
Wǒ zuìjìn tài lèi le!

那你休息休息！ 그럼 너 좀 쉬어!
Nà nǐ xiūxi xiūxi!

漂亮 piàoliang 예쁘다 | 首 shǒu 곡[노래를 세는 양사]

2 상태 반복하기

慢 màn(느리다)과 같이 상태를 나타내는 말을 반복하게 되면 '~하게', '~히'라는 말이 되는데, 이때 반복된 글자 뒤에 **儿 ér**을 붙여 **慢慢儿 mànmānr**이라 표현하며 뒤의 글자는 1성으로 읽습니다. 또한 **高兴 gāoxìng**(기쁘다) 같은 두 글자의 상태는 **高高兴兴 gāogāoxìngxìng**처럼 반복해 주고 뒤에 **地 de**를 붙입니다.

我想去中国。 나 중국에 가고 싶어.
Wǒ xiǎng qù Zhōngguó.

那你好好儿学汉语吧！ 그럼 너 중국어 열심히 공부해!
Nà nǐ hǎohāor xué Hànyǔ ba!

老师，这个太难了。 선생님, 이거 너무 어려워요.
Lǎoshī, zhège tài nán le.

你们慢慢儿想吧！ 너희들 천천히 생각해봐!
Nǐmen mànmānr xiǎng ba!

你们高高兴兴地去玩儿吧！ 너희들 가서 신나게 놀아라!
Nǐmen gāogāoxìngxìng de qù wánr ba!

谢谢老师。 선생님 감사합니다.
Xièxie lǎoshī.

好好儿 hǎohāor 좋다, 양호하다, 잘 | **难** nán 어렵다 | **高兴** gāoxìng 기쁘다

听听

잘 듣고 쓰기

배운 내용을 들으며 복습해 보아요.

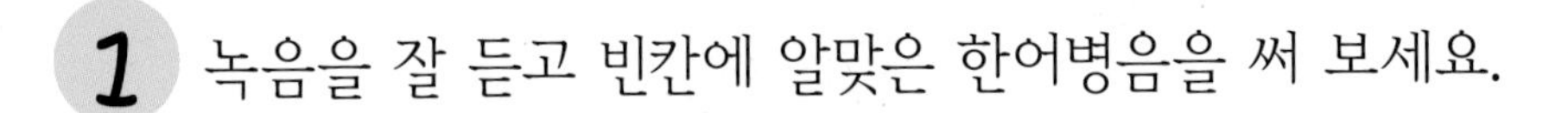

1 녹음을 잘 듣고 빈칸에 알맞은 한어병음을 써 보세요.

① m □ □ m □ □ r

② x □ □ □ □ h □

③ p □ □ □ □ □ n □

2 녹음을 잘 듣고 빈칸에 알맞은 단어를 보기 에서 골라 써 넣으세요.

보기
看看 kànkan
尝尝 chángchang
好好儿 hǎohāor

① 你来________这个吧!

② 我可以________吗?

③ 你________学汉语吧!

3 녹음을 잘 듣고 친구들이 어디에서 뭘 하고 싶어 하는지 연결해 보세요.

①  • • 

• • 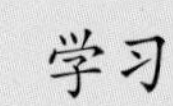

②  • • 

• • 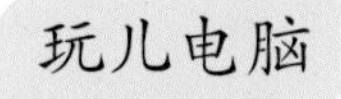

③  • • 

• • 休息

그림 보고 말하기

자신 있게 말해 보아요.

1 다음 그림을 보고 대화를 완성한 후 큰 소리로 말해 보세요.

①

A 你来看看这个吧!

B ______________!

②

A 你听一听这首歌吧!

B ______________。

③

A 我想去中国。

B ______________!

④

A 老师, ______________。

B 你们慢慢儿想吧!

중국 유명 도시 소개②

베이징의 볼거리와 먹거리

베이징은 역사가 깊은 도시로, 서민들의 모습을 그대로 간직하고 있어 유명한 옛 골목 胡同 hútòng과 베이징 전통 가옥인 사합원 四合院 sìhéyuàn 같은 시간이 멈춘 듯 옛 모습 그대로인 곳들이 많이 남아 있고, 베이징식 오페라인 경극 京剧 jīngjù와 만담 相声 xiàngsheng을 감상할 수도 있습니다. 또 베이징 관광에서 빼놓을 수 없는 국기 게양식은 새벽에 천안문 광장에 가면 볼 수 있답니다.

胡同 hútòng

京剧 jīngjù

四合院 sìhéyuàn

美食街 měishíjiē

美食街 měishíjiē

저녁에 왕푸징 거리에 가면 먹자골목 美食街 měishíjiē 라고 하여 매미, 전갈, 해마 등을 꼬치에 끼워 파는 포장마차들이 즐비한데, 이런 독특한 음식을 판다고 해서 모든 중국 사람들이 다 이런 음식을 좋아하는 것은 아니니 오해하지 말길 바라요.

베이징을 대표하는 요리라면 아무래도 베이징 오리구이 北京烤鸭 Běijīng kǎoyā가 있는데, 구워서 기름이 빠진 오리고기를 얇게 썰어서 전병에 싸 먹으면, 정말 맛있어요. 여러분도 기회가 된다면 한번 먹어 보길 바라요. 중국인들이 이 음식을 왜 좋아하는지 단번에 알 수 있을 거예요.

北京烤鸭 Běijīng kǎoyā

어디가 불편하세요?

你哪儿不舒服?

Nǐ nǎr bù shūfu?

이 과에서는요!

양꼬치를 너무 많이 먹었는지, 동민이가 배탈이 났네요.
결국 급하게 병원까지 가게 되었어요.
이번 과에서는 '어디가 불편하세요?'라는 표현과
'~하게 하다'에 대해 배워 봐요.

1 어디가 불편하세요? 哪儿不舒服

2 ~하게 하다 让

- 舒服 shūfu 편안하다, 쾌적하다
- 肚子 dùzi 배
- 疼 téng 아프다
- 让 ràng ~하게 하다
- 哎呀 āiyā 아야! [놀람 또는 불만을 나타냄]
- 死了 sǐ le ~해 죽겠다
- 开药 kāi yào 처방하다
- 大夫 dàifu 의사

会话

함께 중국어로 대화해 보아요.

Track08-02

양꼬치를 너무 많이 먹었는지 배탈이 난 동민이가 병원에 갔어요.
병원에서는 중국어로 어떻게 말해야 하는지 한번 들어 볼까요?

你哪儿不舒服？
Nǐ nǎr bù shūfu?

我肚子很疼。
Wǒ dùzi hěn téng.

让我看看。
Ràng wǒ kànkan.

哎呀，疼死了。
Āiyā, téng sǐ le.

这儿也疼吗？
Zhèr yě téng ma?

对，疼得很厉害。
Duì, téng de hěn lìhai.

我给你开药。
Wǒ gěi nǐ kāi yào.

谢谢大夫。
Xièxie dàifu.

1 어디가 불편하세요? 哪儿不舒服

哪儿不舒服? Nǎr bù shūfu?(어디가 불편하세요?)라는 말에 대답을 할 때는 **신체+(很)疼**으로 하거나 앞에서 배운 상태의 정도를 나타내는 **得 de**를 써서 **신체+疼+得+厉害**로 표현하면 됩니다.

你哪儿不舒服? 어디가 불편하세요?
Nǐ nǎr bù shūfu?

我头很疼。 저 머리가 아주 아파요.
Wǒ tóu hěn téng.

你哪儿不舒服? 어디가 불편하세요?
Nǐ nǎr bù shūfu?

我牙疼得很厉害。 저 이가 심하게 아파요.
Wǒ yá téng de hěn lìhai.

你哪儿不舒服? 어디가 불편하세요?
Nǐ nǎr bù shūfu?

我嗓子疼得很厉害。 저 목이 심하게 아파요.
Wǒ sǎngzi téng de hěn lìhai.

头 tóu 머리 | 牙 yá 이, 치아 | 嗓子 sǎngzi 목(구멍)

2 ~하게 하다 让

'A가 B에게 ~하게 하다'라고 할 때는 A+让+B+동작, 'A가 B에게 ~하지 못하게 하다'라고 부정을 할 때는 A+不让+B+동작으로 표현합니다. 그런데 (你)+让+我+동작이라고 하면 '내가 ~하게 해 줘'라는 부탁의 뜻도 있습니다.

让我玩儿玩儿你的电脑。 네 컴퓨터 좀 하게 해 줘.
Ràng wǒ wánr wánr nǐ de diànnǎo.

哎呀！ 烦死了。 아이! 짜증나 죽겠네.
Āiyā! Fán sǐ le.

你为什么不回家？ 너 왜 집에 안 돌아가니?
Nǐ wèishénme bù huí jiā?

老师不让我回家。 선생님께서 집에 못 가게 하셔.
Lǎoshī bú ràng wǒ huí jiā.

상태+死了 sǐ le는 '~해서 죽겠다'는 뜻입니다.

妈妈让我去补习班，累死了。
Māma ràng wǒ qù bǔxíbān, lèi sǐ le.
엄마가 나더러 학원 다니래, 피곤해 죽겠어.

我饿死了。 나 배고파 죽겠어.
Wǒ è sǐ le.

烦 fán 짜증나다 | 回家 huí jiā (집에) 돌아가다 | 补习班 bǔxíbān 학원 | 饿 è 배고프다

听 听

잘 듣고 쓰기

배운 내용을 들으며 복습해 보아요.

Track08-05

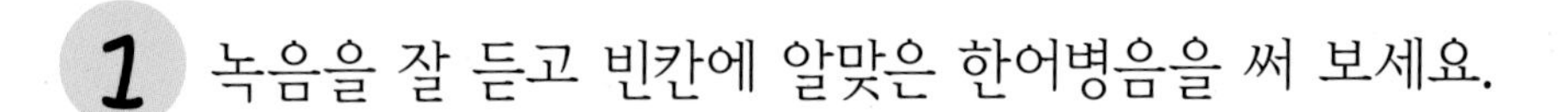

1 녹음을 잘 듣고 빈칸에 알맞은 한어병음을 써 보세요.

① k __ i __ y __ __

② s __ __ __ __

③ s __ __ g __ __

Track08-06

2 녹음을 잘 듣고 빈칸에 알맞은 단어를 보기 에서 골라 써 넣으세요.

보기
- 舒服 shūfu
- 开药 kāi yào
- 死了 sǐ le

① 哎呀，疼________。

② 你哪儿不________？

③ 我给你________。

Track08-07

3 녹음을 잘 듣고 친구들이 어디가 아픈지 연결해 보세요.

① 

② 

③ 

肚子　　头　　嗓子

说说

그림 보고 말하기

자신 있게 말해 보아요.

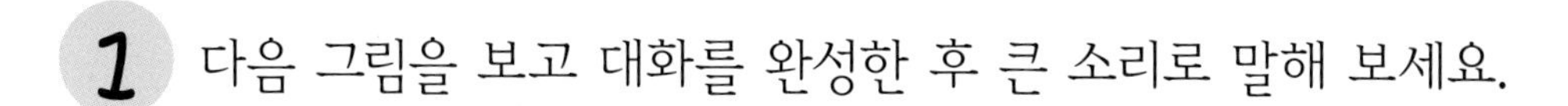

1 다음 그림을 보고 대화를 완성한 후 큰 소리로 말해 보세요.

① 

A 她哪儿不舒服?

B ________________。

② 

A 她哪儿不舒服?

B ________________。

③ 

A 让我玩儿玩儿你的电脑。

B 哎呀! ____________。

④ 

A 他为什么不回家?

B ________________。

똑똑한 단어 生词

우리의 몸과 관련된 단어, 중국어로 알아볼까요?

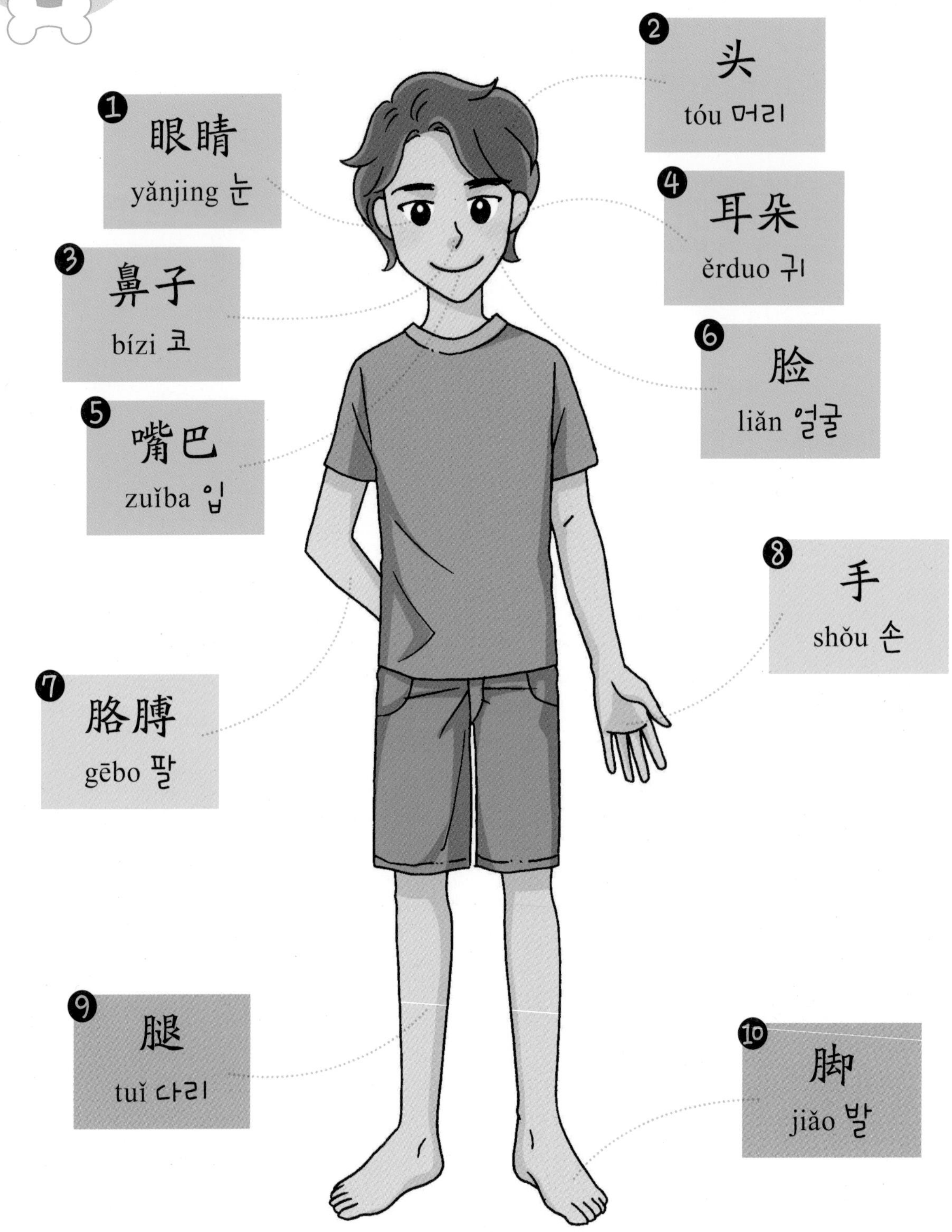

谜语

신나는 수수께끼

중국어와 신나게 놀아 보아요.

叫马不像马，
Jiào mǎ bú xiàng mǎ,

长个宽嘴巴。
zhǎng ge kuān zuǐba.

天天下河塘，
Tiāntiān xià hétáng,

从不捉鱼虾。
cóng bù zhuō yú xiā.

말이라고 부르는데 말 같지 않고,
넓적한 입이 있어요.
날마다 강둑으로 내려가지만,
물고기나 새우를 잡아먹지는 않아요.

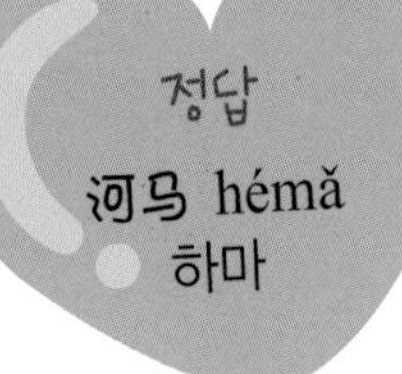

복습 해 봐요.

5~8과를 공부하고 실력을 점검해 보세요.

1 보기의 단어를 사용하여 대화를 완성해 보세요.

보기	让 ràng	死了 sǐ le	得 de	得 de	从 cóng	怎么样 zěnmeyàng	好好儿 hǎohāor	到 dào

①

A 她唱歌唱____ ________？

B 她唱歌唱____很好听。

②

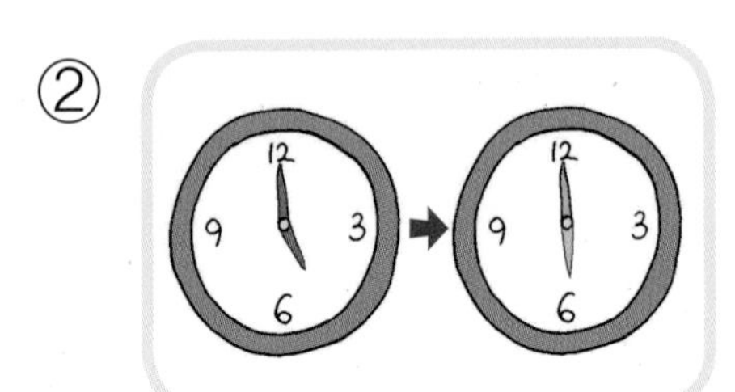

A 我们____五点____六点休息吧。

B 太好了。

③

A 我想去中国。

B 那你________学汉语吧！

④

A ____我玩儿玩儿你的电脑。

B 哎呀！烦______。

2 그림에 알맞은 질문과 대답을 연결한 후 그림에 맞춰 빈칸을 채워 보세요.

① 他是坐什么来的? — 今天天气________。

② 他哪儿不舒服? — 他是________来的。

③ 今天天气怎么样? — 我________喜欢这本书。

④ 你看看这本书吧! — 他________得很厉害。

좀 피곤해요, 돌아가요!

有点儿累，回去吧！

Yǒudiǎnr lèi, huíqu ba!

要去别的地方吗？
Yào qù bié de dìfang ma?
有点儿累，回去吧！
Yǒudiǎnr lèi, huíqu ba!

이 과에서는요!

장 선생님께서 우리 친구들을 데리고 만리장성에 가셨네요.
아이들은 처음 보는 어마어마하게 큰 만리장성에 올라가고 싶은가 봐요.
우리 같이 올라가 볼까요?
이번 과에서는 '방향을 보충 설명해 주는 말'과 '조금, 약간'에 대해 배워 봐요.

1 방향을 보충 설명해 주는 말

2 조금, 약간

- 长城 Chángchéng 만리장성
- 上去 shàngqu 올라가다
- 小心 xiǎoxīn 조심하다
- 一点儿 yìdiǎnr 조금, 약간
- 长 cháng 길다
- 别的 bié de 다른 것
- 地方 dìfang 곳, 장소
- 有点儿 yǒudiǎnr 조금, 약간
- 回去 huíqu 돌아가다

会话

함께 중국어로 대화해 보아요.

유명한 중국의 만리장성에 구경을 간 우리 친구들. 어마어마하게 높고 긴 길이 펼쳐져 있고 풍경은 장관을 이루고 있는데, 하나는 다리가 아프다며 돌아가자고 하네요.

老师，这是什么？
Lǎoshī, zhè shì shénme?

这是长城。
Zhè shì Chángchéng.

我们上去看看吧。
Wǒmen shàngqu kànkan ba.

好！ 小心一点儿啊！
Hǎo! Xiǎoxīn yìdiǎnr a!

怎么样？
Zěnmeyàng?

哇！ 很长！
Wā! Hěn cháng!

要去别的地方吗？
Yào qù bié de dìfang ma?

有点儿累，回去吧！
Yǒudiǎnr lèi, huíqu ba!

1 방향을 보충 설명해 주는 말

上 **shàng**(오르다), **下** **xià**(내리다), **进** **jìn**(들어가다), **出** **chū**(나오다), **回** **huí**(돌아오다), **过** **guò**(건너다), **起** **qǐ**(일어나다) 같이 방향을 나타내는 동작 뒤에 **来** **lái**를 넣으면 말하는 사람에게 가까운 쪽으로, 동작 뒤에 **去** **qù**를 넣으면 말하는 사람에게서 먼 쪽으로 동작을 한다는 의미가 됩니다. 다만 **起** 뒤에는 **来**만 넣을 수 있습니다.

楼下有好吃的。 아래층에 맛있는 것이 있어.
Lóuxià yǒu hǎochī de.

我们快下去吧！ 우리 빨리 내려가자!
Wǒmen kuài xiàqu ba!

他们什么时候回来？ 그 애들은 언제 돌아오나요?
Tāmen shénme shíhou huílai?

他们明天回来！ 그 애들은 내일 돌아와요!
Tāmen míngtiān huílai!

你快出来啊！ 너 빨리 나와!
Nǐ kuài chūlai a!

请等一等！ 좀 기다려 줘!
Qǐng děng yi děng!

楼下 lóuxià 아래층 | **快** kuài 빠르다, 빨리 | **下去** xiàqu 내려가다 | **回来** huílai 돌아오다
出来 chūlai 나오다 | **等** děng 기다리다

2 조금, 약간 一点儿 / 有点儿

一点儿 yìdiǎnr과 **有点儿 yǒudiǎnr**은 모두 '조금, 약간'이라는 뜻이 있지만, **一点儿**은 '조금 더 ~하다'는 비교의 의미가 있고, **有点儿**은 '좀 ~해서 불만이다'라는 의미가 있습니다. 상태+**一点儿**, **有点儿**+상태로 표현합니다.

你快起来吧！ 너 빨리 일어나야지!
Nǐ kuài qǐlai ba!

我有点儿累！ 저 좀 피곤해요! [불만]
Wǒ yǒudiǎnr lèi!

这个好看一点儿。 이게 좀 더 예뻐. [비교]
Zhège hǎokàn yìdiǎnr.

但是这个有点儿贵。 근데 이건 좀 비싸네. [불만]
Dànshì zhège yǒudiǎnr guì.

外边儿有点儿冷！ 바깥은 약간 추워! [불만]
Wàibianr yǒudiǎnr lěng!

里边儿暖和一点儿。 안이 조금 더 따뜻해. [비교]
Lǐbianr nuǎnhuo yìdiǎnr.

起来 qǐlai 일어나다 | **但是** dànshì 그러나 | **贵** guì 비싸다 | **冷** lěng 춥다 | **暖和** nuǎnhuo 따뜻하다

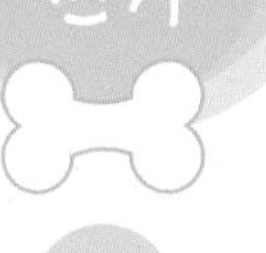

잘 듣고 쓰기

听 听

배운 내용을 들으며 복습해 보아요.

Track09-05

1 녹음을 잘 듣고 빈칸에 알맞은 한어병음을 써 보세요.

① y __ d __ __ __ r

② n __ __ __ h __ o

③ C __ __ n __ c __ __ __ __

Track09-06

2 녹음을 잘 듣고 빈칸에 알맞은 단어를 보기 에서 골라 써 넣으세요.

보기

一点儿 yìdiǎnr

上去 shàngqu

别的 bié de

① 我们________看看吧。

② 小心________啊!

③ 要去________地方吗?

Track09-07

3 녹음을 잘 듣고 친구들이 어떤 불만으로 인해 어떻게 하려는지 연결해 보세요.

①		冷	不想买
②		累	想休息
③		贵	不想出去

그림 보고 말하기

자신 있게 말해 보아요.

1 다음 그림을 보고 대화를 완성한 후 큰 소리로 말해 보세요.

① 

A 楼下有好吃的。

B ____________________!

② 明天

A 他们什么时候回来?

B ____________________!

③ 

A 这个好看一点儿。

B ____________________。

④ 

A 外边儿有点儿冷。

B ____________________。

中国故事

즐거운 중국 이야기

중국 유명 도시 소개③ 상하이

磁悬浮列车 cíxuánfú lièchē

상하이는 중국의 경제 중심지이면서 세계적인 경제 금융 도시로도 유명합니다. 비행기를 타고 상하이 푸동 국제 공항에 도착하면 시내로 연결된 자기 부상 열차 磁悬浮列车 cíxuánfú lièchē를 타게 되는데, 이 열차는 시속 430km의 속도를 자랑할 정도로 빨라 깜짝 놀라게 된답니다.

金茂大厦 Jīnmào Dàshà

상하이 시내에는 오래된 영국식 건축물이 있는 와이탄 外滩 Wàitān과 동방명주 东方明珠 Dōngfāng Míngzhū, 금모빌딩 金茂大厦 Jīnmào Dàshà 등 초고층 빌딩이 즐비한 푸동 浦东 Pǔdōng 지역이 유명한데,

外滩 Wàitān

东方明珠 Dōngfāng Míngzhū

豫园 Yùyuán

밤마다 이 푸동 지역의 빌딩들 사이로 화려한 조명쇼가 펼쳐져 장관을 이룹니다.

豫园 Yùyuán

그리고 상하이에서 중국식 전통 건물과 멋진 정원을 구경하려면 예원 豫园 Yùyuán에 가면 되는데, 그곳에 가면 거리 곳곳에서 중국 전통 악기를 연주하거나 전통 먹을거리를 만드는 사람들을 쉽게 볼 수 있답니다.

그리고 상하이에는 밀랍인형관 蜡像馆 Làxiàngguǎn이 있어 전 세계 유명 인사들의 실제 모습과 똑같은 밀랍인형들을 만나 볼 수 있어요. 상하이 여행, 정말 재미있겠죠?

이 옷이 저 옷보다 더 예뻐요.

这件比那件更漂亮。

Zhè jiàn bǐ nà jiàn gèng piàoliang.

庆
有
余
那件很漂亮。
Nà jiàn hěn piàoliang.
这件比那件更漂亮。
Zhè jiàn bǐ nà jiàn gèng piàoliang.

이 과에서는요!

윤아와 하나가 중국 전통 의상인 치파오를 사고 있네요. 한국에 가져가 자랑하려나 봐요.
그런데 가격이 만만치 않아요. 가격 흥정을 좀 해 볼까요?
이번 과에서는 '~보다'라는 비교의 표현과 '중국 돈'에 대해 배워 봐요.

표현 쑥쑥

1 ~보다 比

2 중국 돈

단어 쑥쑥

- 比 bǐ ~보다[비교]
- 更 gèng 더
- 便宜 piányi 싸다, 저렴하다
- 没有 méiyǒu ~만 못하다
- 多少钱 duōshao qián (가격이) 얼마입니까?
- 一百 yìbǎi 100, 백
- 块 kuài 위안[중국의 화폐 단위]

会话 함께 중국어로 대화해 보아요.

저 옷이 아주 예뻐요.
이 옷이 저 옷보다 더 예뻐요.
어느 것이 싸죠?
이건 저것만큼 싸지 않아요.
이것은 얼마예요?
150위안이에요.
50
50
50
싸게 해 주실 수 있나요?
좋아요, 싸게 해 드릴게요.

윤아는 빨갛고 화려한 중국 옷이 마음에 들어요. 한국으로 돌아가 친구들에게 보여 주고 싶은가 봐요. 물건을 살 때 어떻게 하는지 윤아를 따라 해 볼까요?

那件很漂亮。

Nà jiàn hěn piàoliang.

这件比那件更漂亮。

Zhè jiàn bǐ nà jiàn gèng piàoliang.

哪件便宜?

Nǎ jiàn piányi?

这件没有那件便宜。

Zhè jiàn méiyǒu nà jiàn piányi.

这件多少钱?

Zhè jiàn duōshao qián?

一百五十块。

Yìbǎi wǔshí kuài.

能便宜一点儿吗?

Néng piányi yìdiǎnr ma?

好，给你便宜一点儿。

Hǎo, gěi nǐ piányi yìdiǎnr.

1 ~보다 比

'A는 B보다 ~하다'라는 비교의 표현을 하려면 A+**比**+B+상태로 만들어 주고, '더'라는 뜻의 **更 gèng**을 상태 앞에 넣기도 합니다. 반대로 'A는 B만큼 ~하지 않다'는 표현을 할 때는 A+**没有 méiyǒu**+B+상태로 만들어 주면 됩니다. **很 hěn, 非常 fēicháng, 真 zhēn**(정말) 같은 말은 비교할 때에는 쓰지 않아요.

羊肉串儿很好吃！ 양꼬치는 아주 맛있어!
Yángròuchuànr hěn hǎochī!

火锅比羊肉串儿更好吃！
Huǒguō bǐ yángròuchuànr gèng hǎochī!
훠궈가 양꼬치보다 더 맛있어!

她比我漂亮吗？ 그 애가 나보다 예쁘니?
Tā bǐ wǒ piàoliang ma?

她没有你漂亮。 그 애는 너만큼 예쁘지 않아.
Tā méiyǒu nǐ piàoliang.

首尔比北京冷吗？ 서울은 베이징보다 춥니?
Shǒu'ěr bǐ Běijīng lěng ma?

首尔没有北京冷。 서울은 베이징만큼 춥지 않아요.
Shǒu'ěr méiyǒu Běijīng lěng.

火锅 huǒguō 훠궈[중국식 샤브샤브] | 首尔 Shǒu'ěr 서울

2 중국 돈

중국 돈은 **元**(yuán), **角**(jiǎo), **分**(fēn)으로 나뉘는데, 말할 때는 보통 **块**(kuài), **毛**(máo), **分**을 사용합니다. 그러나 요즘에 **分**은 너무 작은 단위라 잘 쓰지 않아요. 가격을 물어볼 때는 **多少钱 duōshao qián**이라고 합니다.

这个多少钱? 이거 얼마예요?
Zhège duōshao qián?

这个五块钱。 이거 5위안이에요.
Zhège wǔ kuài qián.

这本书多少钱? 이 책은 얼마죠?
Zhè běn shū duōshao qián?

三十八块五毛钱。 38.5위안입니다.
Sānshíbā kuài wǔ máo qián.

단위를 넣어 가격을 묻을 때는 **多少钱+단위**로 표현할 수 있고, 대답은 **가격+단위**로 합니다.

A: 苹果多少钱一斤? 사과는 한 근에 얼마예요?
Píngguǒ duōshao qián yì jīn?

B: 十块钱一斤。 한 근에 10위안입니다.
Shí kuài qián yì jīn.

苹果 píngguǒ 사과 | 斤 jīn 근[무게를 재는 양사]

잘 듣고 쓰기

听 听

배운 내용을 들으며 복습해 보아요.

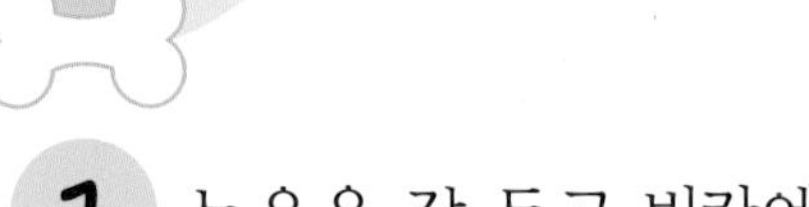

1 녹음을 잘 듣고 빈칸에 알맞은 한어병음을 써 보세요.

① p _ _ g _ _ _

② h u _ _ _ _

③ d _ _ _ h _ _ q _ _ _

2 녹음을 잘 듣고 빈칸에 알맞은 단어를 보기 에서 골라 써 넣으세요.

보기
- 比 bǐ
- 多少钱 duōshao qián
- 没有 méiyǒu
- 更 gèng

① 这件_____那件_____漂亮。

② 这件________那件便宜。

③ 这件__________?

3 녹음을 잘 듣고 아래 물건들이 얼마인지 연결해 보세요.

① 

② 

③ 

200块　　35块　　5块

说说

자신 있게 말해 보아요.

1 다음 그림을 보고 대화를 완성한 후 큰 소리로 말해 보세요.

①

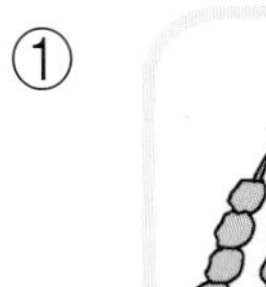

A 羊肉串儿很好吃!

B ______________________!

②

A 她比我漂亮吗?

B ______________________。

③

A 这个多少钱?

B ______________________。

④

A 这本书多少钱?

B ______________________。

중국 돈

중국의 화폐는 인민폐 人民币 rénmínbì라고 합니다. 인민폐의 화폐 단위는 원래 元 yuán(원), 角 jiǎo(10전), 分 fēn(전)이지만 실생활에서 말할 때는 块 kuài, 毛 máo, 分 fēn을 씁니다.

마지막 단위의 毛나 分은 생략하여 말하기도 하는데, 3.5위안은 三块五 sān kuài wǔ, 5.47위안은 五块四毛七 wǔ kuài sì máo qī라고 읽는답니다.

그런데 1.05위안의 경우는 10전 단위의 毛가 없어서 一块零五 yí kuài líng wǔ라고 중간에 반드시 0을 뜻하는 零 líng을 넣어 주어야 해요. 마찬가지로 숫자도 마지막 단위를 생략해서 550은 五百五 wǔbǎi wǔ라고 읽지만, 505라는 숫자는 五百零五 wǔbǎi líng wǔ라고 중간에 반드시 零을 넣어야 합니다.

너 선물 샀니?

你买礼物了吗?

Nǐ mǎi lǐwù le ma?

이 과에서는요!

민호는 아직 가족들에게 줄 선물을 사지 않았나 봐요.
마침 하나가 어머니께 드릴 선물을 사 가지고 오네요.
뭘 샀는지 하나에게 물어볼까요?
이번 과에서는 '상태의 변화'와 '동작의 완료'를 나타내는 표현에 대해 배워 봐요.

1 상태의 변화 了

2 동작의 완료 了

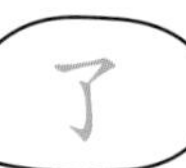

- 买 mǎi 사다
- 礼物 lǐwù 선물
- 了 le 동작의 완료나 상태의 변화를 나타내는 말
- 件 jiàn 개[사물을 세는 양사],
  벌[옷을 세는 양사]
- 旗袍 qípáo 치파오[중국 전통 의상]

会话

함께 중국어로 대화해 보아요.

집에 돌아갈 날이 다가와 우리 친구들이 가족들 선물을 준비하고 있네요.
하나는 치파오를 한 벌 샀고, 민호는 무엇을 사려는 것일까요?

你买礼物了吗？
Nǐ mǎi lǐwù le ma?

我还没买，你呢？
Wǒ hái méi mǎi, nǐ ne?

我买了一件礼物。
Wǒ mǎile yí jiàn lǐwù.

你买了什么礼物？
Nǐ mǎile shénme lǐwù?

我买了一件旗袍。
Wǒ mǎile yí jiàn qípáo.

太漂亮了！贵不贵？
Tài piàoliang le! Guì bu guì?

不贵，很便宜！
Bú guì, hěn piányi!

我也想去那儿看看。
Wǒ yě xiǎng qù nàr kànkan.

1 상태의 변화

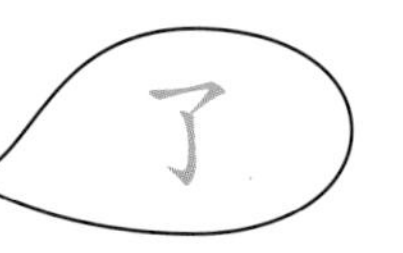

了 le는 문장 끝에 와서 어떤 동작이나 상황이 발생했거나, 상황이나 상태가 변했다는 느낌을 나타냅니다.

天气凉快了。 날씨가 시원해졌어.
Tiānqì liángkuai le.

出去玩儿吧! 나가서 놀자!
Chūqu wánr ba!

你身体好了吗? 너 몸 괜찮아졌니?
Nǐ shēntǐ hǎo le ma?

好一点儿了。 좀 좋아졌어.
Hǎo yìdiǎnr le.

她回去了吗? 그녀는 돌아갔니?
Tā huíqu le ma?

她回去了。 그녀는 돌아갔어.
Tā huíqu le.

凉快 liángkuai 시원하다 | 出去 chūqu 나가다 | 回去 huíqu 돌아가다

2 동작의 완료

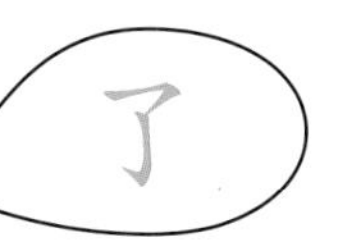

了 le가 동작 바로 뒤에 오면 동작을 끝냈다는 의미가 됩니다. 문장 끝에 놓이면 동작이나 상황이 이미 발생하였음을 나타내고, 문장을 끝맺는 역할을 합니다. 부정을 할 때는 不 bù 대신 没 méi를 쓰는데, 이때는 了를 넣지 않습니다.

你买了什么衣服? 넌 무슨 옷을 샀니?
Nǐ mǎile shénme yīfu?

我买了很漂亮的旗袍。 난 예쁜 치파오를 샀어.
Wǒ mǎile hěn piàoliang de qípáo.

你吃了什么? 너 뭐 먹었니?
Nǐ chīle shénme?

我吃了一个菠萝。 나는 파인애플을 한 개 먹었어.
Wǒ chīle yí ge bōluó.

你吃饭了吗? 너 밥 먹었니?
Nǐ chī fàn le ma?

我没吃饭。 나 밥 안 먹었어.
Wǒ méi chī fàn.

菠萝 bōluó 파인애플

听听

잘 듣고 쓰기

배운 내용을 들으며 복습해 보아요.

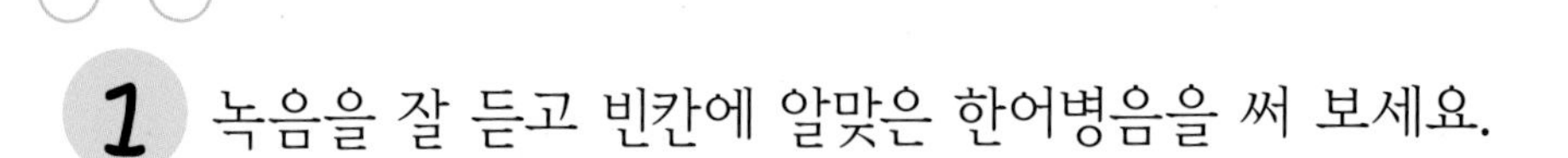

1 녹음을 잘 듣고 빈칸에 알맞은 한어병음을 써 보세요.

① q _ _ _ o

② l _ _ _

③ l i _ _ _ _ _ _ i

2 녹음을 잘 듣고 빈칸에 알맞은 단어를 보기 에서 골라 써 넣으세요.

보기
了 le
旗袍 qípáo
没 méi
了 le

① 你买礼物____吗?

② 我还____买。

③ 我买____一件______。

3 녹음을 잘 듣고 친구들이 무엇을 얼마나 했는지 연결해 보세요.

① • 吃 •

② • 买 •

③ • 看 •

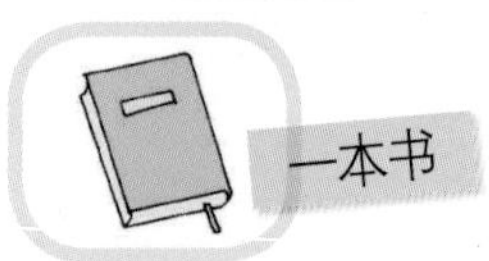

그림 보고 말하기

자신 있게 말해 보아요.

1 다음 그림을 보고 대화를 완성한 후 큰 소리로 말해 보세요.

① 

A 天气________________。

B 出去玩儿吧!

② 

A 他身体好了吗?

B ______________________。

③ 

A 她吃了什么?

B ______________________。

④ 

A 他吃饭了吗?

B ______________________。

生词

똑똑한 단어

형용사와 관련된 단어, 중국어로 알아볼까요?

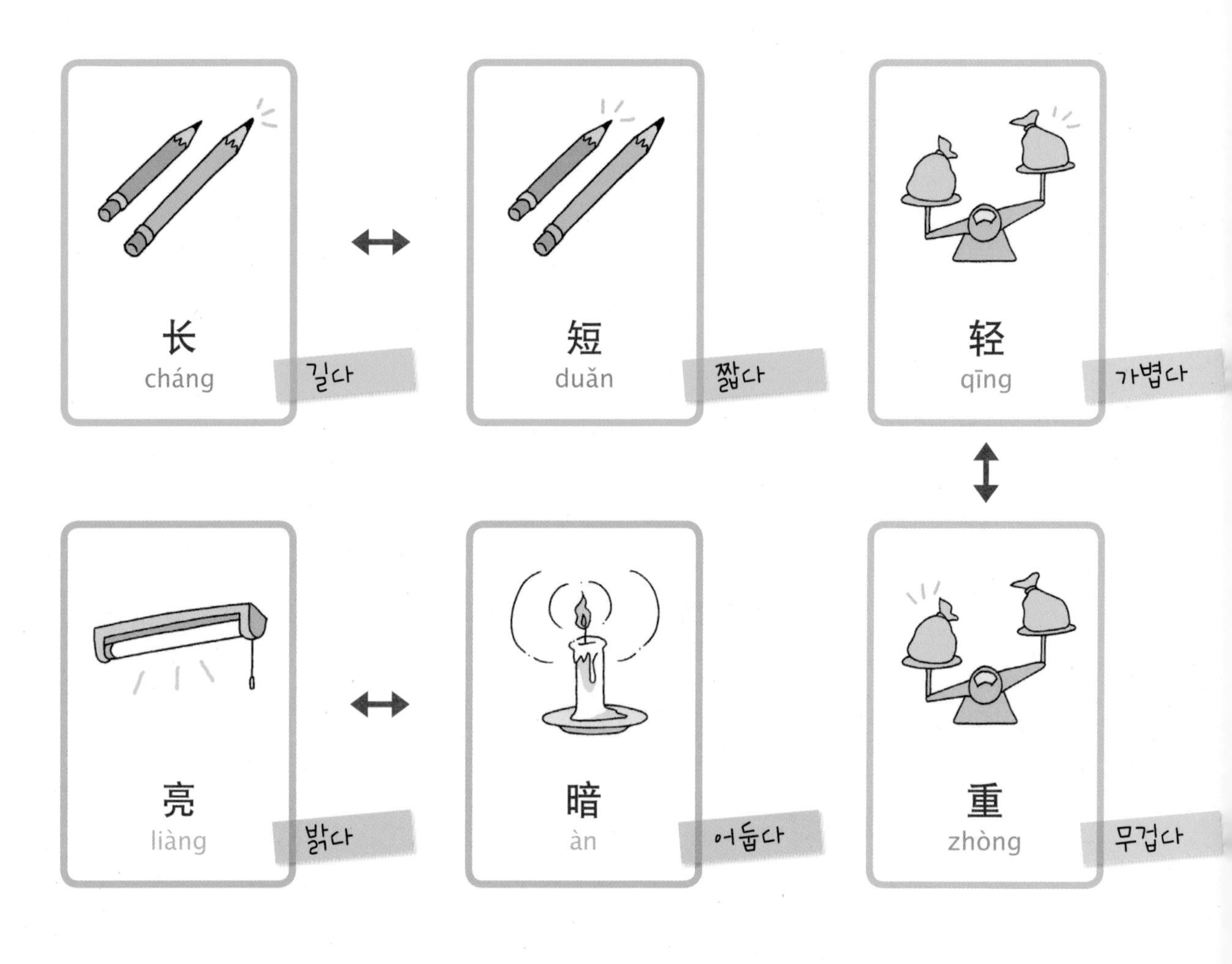

谜语

신나는 수수께끼

중국어와 신나게 놀아 보아요.

叮铃铃，叮铃铃，

Dīng líng líng, dīng líng líng,

一头说话一头听。

yì tóu shuō huà yì tóu tīng.

俩人不见面，

Liǎ rén bú jiàn miàn,

说话听得清。

shuō huà tīng de qīng.

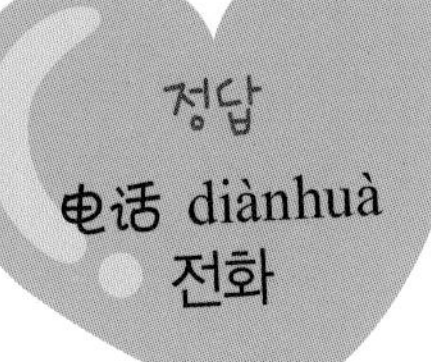

딩링링 딩링링,
한쪽은 말하고, 한쪽은 들어요.
두 사람이 만나지는 않는데,
말이 분명하게 들려요.

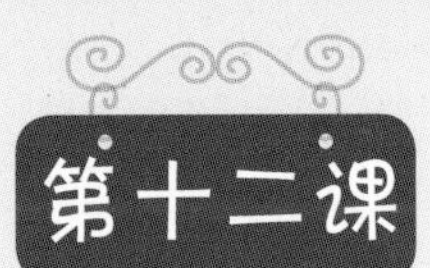

第十二课

Track12-01

모두들 준비 다 했니?

大家都准备好了吗?

Dàjiā dōu zhǔnbèi hǎo le ma?

大家都准备好了吗?
Dàjiā dōu zhǔnbèi hǎo le ma?
准备好了!
Zhǔnbèi hǎo le!

이 과에서는요!

우리 친구들이 즐거웠던 중국 여행을 마치고 귀국 준비를 하고 있네요.
장 선생님은 아이들이 떠나는 게 아쉬우신지 다함께 사진을 찍자고 하세요.
이번 과에서는 '결과를 보충 설명하는 말'에 대해 배워 봐요.

1 결과를 보충 설명해 주는 말 好

2 결과를 보충 설명해 주는 말 给

- 帮 bāng ~를 (도와서) 대신하다
- 照相 zhào xiàng 사진을 찍다
- 以后 yǐhòu 이후
- 发 fā (이메일 등을) 보내다
- 一路平安 yílù píng'ān 가시는 길이 평안하시길 빕니다

会话

함께 중국어로 대화해 보아요.

즐거웠던 중국 여행을 마치고 귀국 준비를 하고 있는 우리 친구들.
여행 내내 친구들을 보살펴 주셨던 장 선생님과 기념사진을 찍네요.

大家都准备好了吗?
Dàjiā dōu zhǔnbèi hǎo le ma?

准备好了!
Zhǔnbèi hǎo le!

我帮你们照相吧!
Wǒ bāng nǐmen zhào xiàng ba!

谢谢，张老师。
Xièxie, Zhāng lǎoshī.

一、二、三，好了!
Yī、èr、sān, hǎo le!

回国以后发给您。
Huí guó yǐhòu fāgěi nín.

好啊! 祝你们一路平安!
Hǎo a! Zhù nǐmen yílù píng'ān!

老师，再见!
Lǎoshī, zàijiàn!

1 결과를 보충 설명해 주는 말 好

'좋다'라는 뜻의 **好 hǎo**가 동작 뒤에 오면 그 동작을 잘 끝냈다는 의미가 됩니다.
부정을 할 때는 **没 méi**를 동작 앞에 넣습니다.

你做好作业了吗? 너 숙제 다 했어?
Nǐ zuòhǎo zuòyè le ma?

还没做好。 아직 다 못 했어.
Hái méi zuòhǎo.

你跟他约好了吗? 너 그 애랑 약속 정했어?
Nǐ gēn tā yuēhǎo le ma?

已经跟他约好了。 이미 그 애랑 약속 정했어.
Yǐjīng gēn tā yuēhǎo le.

잠깐!

好와 비슷한 말로 完 wán이 있는데, '잘 끝냈는지'와는 상관없이 '단순히 끝낸 것'을 표현할 때 씁니다.

吃完了吗? 다 먹었어?
Chīwán le ma?

我看完了这本书。 나 이 책 다 봤어.
Wǒ kànwán le zhè běn shū.

作业 zuòyè 숙제 | 约 yuē 약속하다 | 已经 yǐjīng 이미 | 完 wán 끝나다

2 결과를 보충 설명해 주는 말 给

'주다'라는 뜻의 **给 gěi**가 동작 뒤에 오면 '(그 동작을 해서) ~에게 ~를 주다'라는 뜻이 됩니다. 부정은 역시 동작 앞에 **没 méi**를 넣습니다.

请你借给我词典！ 나에게 사전 좀 빌려 줘!
Qǐng nǐ jiègěi wǒ cídiǎn!

什么时候还给我？ 언제 돌려줄 건데?
Shénme shíhou huángěi wǒ?

我还没交给老师作业。 나 아직 선생님께 숙제를 드리지 못했어.
Wǒ hái méi jiāogěi lǎoshī zuòyè.

我帮你交给老师。 내가 너 대신 선생님께 드릴게.
Wǒ bāng nǐ jiāogěi lǎoshī.

帮 bāng은 원래 '돕다'의 뜻이지만
주로 '~를 대신해서 ~해 주다'는 뜻으로 쓰입니다.

我帮你买火车票。 내가 너 대신 기차표 사 줄게.
Wǒ bāng nǐ mǎi huǒchēpiào.

我帮你告诉他。 내가 너 대신 그 애한테 알려 줄게.
Wǒ bāng nǐ gàosu tā.

借 jiè 빌리다 | 词典 cídiǎn 사전 | 还 huán 돌려주다 | 交 jiāo 건네주다 | 火车票 huǒchēpiào 기차표
告诉 gàosu 알리다

听听

잘 듣고 쓰기

배운 내용을 들으며 복습해 보아요.

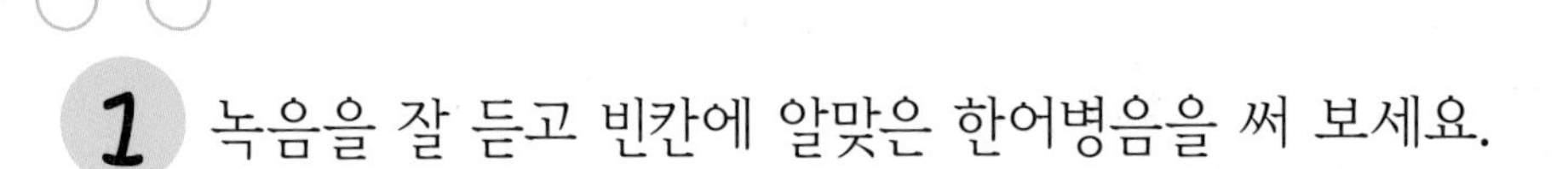

1 녹음을 잘 듣고 빈칸에 알맞은 한어병음을 써 보세요.

Track12-05

① z _ _ _   _ i _ _ _

② y _   _ _   p _ _ _   _ n

③ _ _   j _ _ g

2 녹음을 잘 듣고 빈칸에 알맞은 단어를 보기 에서 골라 써 넣으세요.

Track12-06

보기   准备 zhǔnbèi   给 gěi   照相 zhào xiàng   帮 bāng   发 fā   好 hǎo

① 大家都________ _____了吗?

② 回国以后_____ _____您。

③ 我_____你们________吧!

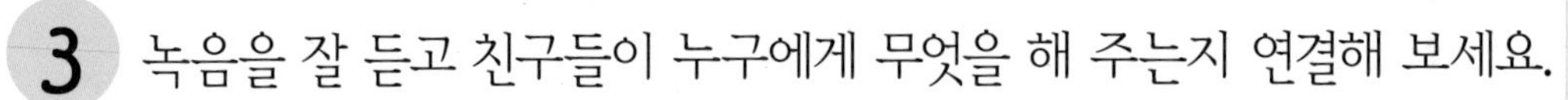

3 녹음을 잘 듣고 친구들이 누구에게 무엇을 해 주는지 연결해 보세요.

Track12-07

①	•	• 借 •	• 作业
②	•	• 交 •	• 一本书
③	•	• 发 •	• 照片

자신 있게 말해 보아요.

1 다음 그림을 보고 대화를 완성한 후 큰 소리로 말해 보세요.

① 

A 她做好作业了吗?

B ______________________。

② 

A 她跟他约好了吗?

B ______________________。

③ 

A ______________________!

B 什么时候还给我?

④ 

A 我还没交给老师作业。

B ______________________。

中国故事

중국 유명 도시 소개❹ 홍콩

홍콩은 중국어의 표준 발음 香港 Xiānggǎng을 광동성 사투리로 발음한 것입니다. 홍콩은 원래 19세기 말에 벌어진 아편전쟁에서 중국이 영국에게 져서 넘겨주었던 곳으로, 100년 동안 영국의 통치하에 있다가 지난 1997년 중국에 반환되었습니다. 때문에 홍콩은 중국과 서양의 문화나 제도가 섞여 있는 아주 독특한 곳이지요.

홍콩섬을 한눈에 볼 수 있는 빅토리아 피크(Victoria Peak) 太平山顶 Tàipíng Shāndǐng이나 우주 박물관(Space Museum) 太空馆 Tàikōng guǎn,

太平山顶 Tàipíng Shāndǐng

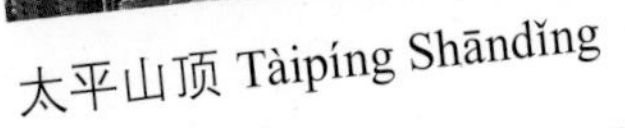
太平山顶 Tàipíng Shāndǐng

太空馆 Tàikōngguǎn

海洋公园 Hǎiyáng Gōngyuán

해양공원(Ocean Park) 海洋公园 Hǎiyáng Gōngyuán, 홍콩 디즈니랜드(Disney Land) 迪斯尼乐园 Dísīní Lèyuán 등 아주 특색 있고, 재미있는 곳이 많습니다.
또 홍콩은 세계적인 국제도시로서 중국 각지의 요리뿐 아니라, 전 세계 유명 요리를 맛볼 수 있는 음식 문화의 천국이라고 할 수 있습니다. 또 면세 물품이 많아 쇼핑의 천국이라고도 불리는 곳입니다.

迪斯尼乐园 Dísīní Lèyuán

복습 해 봐요.

9~12과를 공부하고 실력을 점검해 보세요.

1 보기의 단어를 사용하여 대화를 완성해 보세요.

보기	给	块	还给	桌子上	出去	多少钱	过去	了
	gěi	kuài	huángěi	zhuōzi shang	chūqu	duōshao qián	guòqu	le

①

A ________有好吃的。

B 我们快______吧!

②

A 这个蛋糕________?

B 九十八____钱。

③

A 天气凉快____。

B ______玩儿吧!

④

A 请你借____我词典!

B 什么时候______我?

2 그림에 알맞은 질문과 대답을 연결한 후 그림에 맞춰 빈칸을 채워 보세요.

① 你跟他
约好了吗?

骑摩托车去
＿＿＿＿。

② 骑自行车
去有点儿慢。

火锅＿＿＿
羊肉串儿好吃!

③ 羊肉串儿
很好吃!

他＿＿吃饭。

④ 他吃饭了吗?

已经跟他约＿＿＿。

NEW 맛있는 주니어 중국어 ③

1과 18쪽 · 19쪽

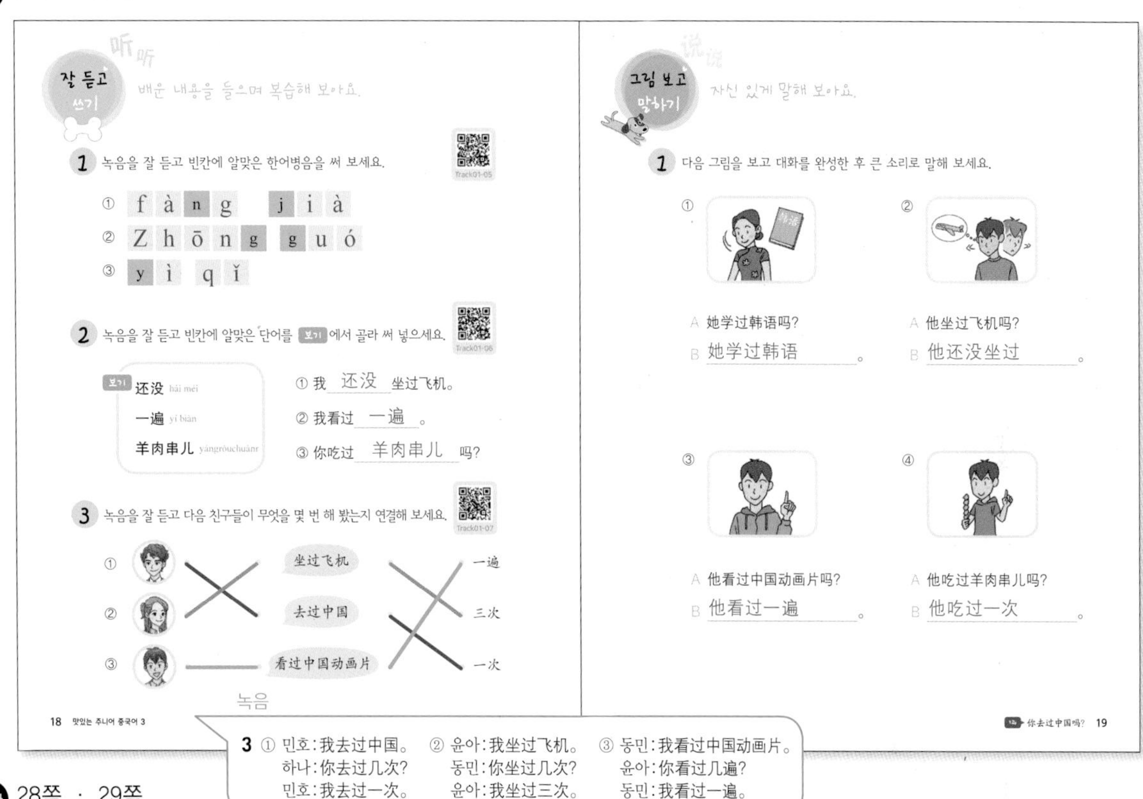

听听 **잘 듣고 쓰기** 배운 내용을 들으며 복습해 보아요.

1 녹음을 잘 듣고 빈칸에 알맞은 한어병음을 써 보세요. Track01-05

① f à n g　j i à
② Z h ō n g　g u ó
③ y ì　q ǐ

2 녹음을 잘 듣고 빈칸에 알맞은 단어를 보기에서 골라 써 넣으세요. Track01-06

보기 还没 hái méi / 一遍 yí biàn / 羊肉串儿 yángròuchuànr

① 我 还没 坐过飞机。
② 我看过 一遍 。
③ 你吃过 羊肉串儿 吗?

3 녹음을 잘 듣고 다음 친구들이 무엇을 몇 번 해 봤는지 연결해 보세요. Track01-07

① ② ③ — 坐过飞机 / 去过中国 / 看过中国动画片 — 一遍 / 三次 / 一次

18 맛있는 주니어 중국어 3

说说 **그림 보고 말하기** 자신 있게 말해 보아요.

1 다음 그림을 보고 대화를 완성한 후 큰 소리로 말해 보세요.

①
A 她学过韩语吗?
B 她学过韩语 。

②
A 他坐过飞机吗?
B 他还没坐过 。

③
A 他看过中国动画片吗?
B 他看过一遍 。

④
A 他吃过羊肉串儿吗?
B 他吃过一次 。

1과 你去过中国吗? 19

녹음

3 ① 민호: 我去过中国。 하나: 你去过几次? 민호: 我去过一次。
② 윤아: 我坐过飞机。 동민: 你坐过几次? 윤아: 我坐过三次。
③ 동민: 我看过中国动画片。 윤아: 你看过几遍? 동민: 我看过一遍。

2과 28쪽 · 29쪽

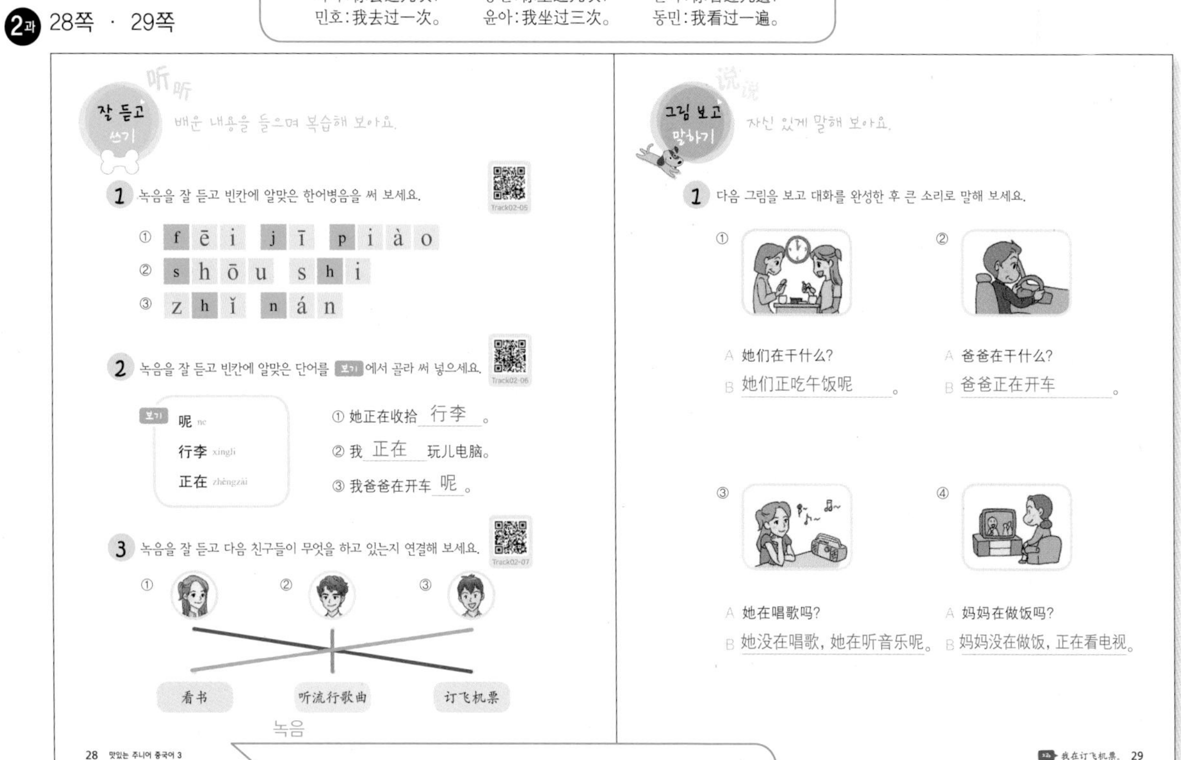

听听 **잘 듣고 쓰기** 배운 내용을 들으며 복습해 보아요.

1 녹음을 잘 듣고 빈칸에 알맞은 한어병음을 써 보세요. Track02-05

① f ē i　j ī　p i à o
② s h ō u　s h i
③ z h ǐ　n á n

2 녹음을 잘 듣고 빈칸에 알맞은 단어를 보기에서 골라 써 넣으세요. Track02-06

보기 呢 ne / 行李 xíngli / 正在 zhèngzài

① 她正在收拾 行李 。
② 我 正在 玩儿电脑。
③ 我爸爸在开车 呢 。

3 녹음을 잘 듣고 다음 친구들이 무엇을 하고 있는지 연결해 보세요. Track02-07

① ② ③ — 看书 / 听流行歌曲 / 订飞机票

28 맛있는 주니어 중국어 3

说说 **그림 보고 말하기** 자신 있게 말해 보아요.

1 다음 그림을 보고 대화를 완성한 후 큰 소리로 말해 보세요.

①
A 她们在干什么?
B 她们正吃午饭呢 。

②
A 爸爸在干什么?
B 爸爸正在开车 。

③
A 她在唱歌吗?
B 她没在唱歌，她在听音乐呢。

④
A 妈妈在做饭吗?
B 妈妈没在做饭，正在看电视。

2과 我在订飞机票。 29

녹음

3 ① 민호: 允儿，你正在干什么? 윤아: 我正在订飞机票。
② 하나: 民浩，你在干什么? 민호: 我在听流行歌曲。
③ 엄마: 东民，你在玩儿电脑吗? 동민: 我没在玩儿电脑，在看书。

3과 38쪽 · 39쪽

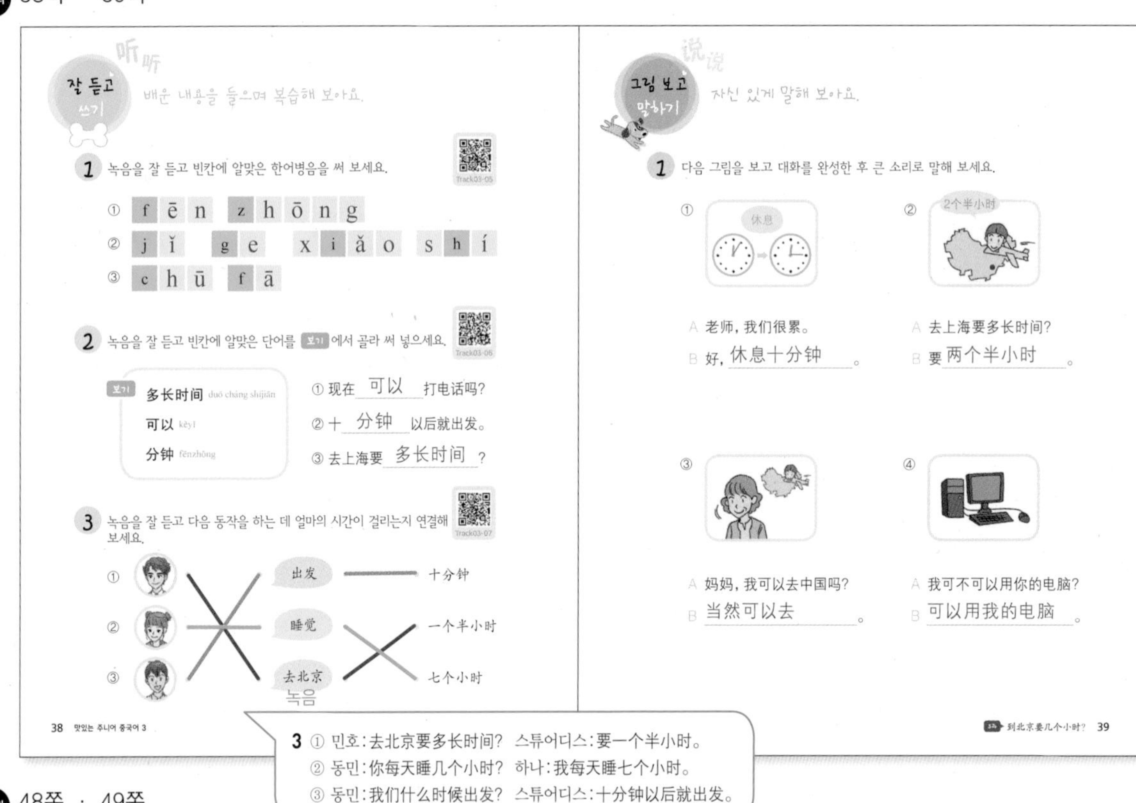

잘 듣고 쓰기 听听 배운 내용을 들으며 복습해 보아요.

1 녹음을 잘 듣고 빈칸에 알맞은 한어병음을 써 보세요. Track03-05

① fēn zhōng
② jǐ ge xiǎo shí
③ chū fā

2 녹음을 잘 듣고 빈칸에 알맞은 단어를 보기 에서 골라 써 넣으세요. Track03-06

보기
多长时间 duō cháng shíjiān
可以 kěyǐ
分钟 fēnzhōng

① 现在 可以 打电话吗?
② 十 分钟 以后就出发。
③ 去上海要 多长时间 ?

3 녹음을 잘 듣고 다음 동작을 하는 데 얼마의 시간이 걸리는지 연결해 보세요. Track03-07

① 出发 十分钟
② 睡觉 一个半小时
③ 去北京 七个小时

녹음

3 ① 민호: 去北京要多长时间? 스튜어디스: 要一个半小时。
② 동민: 你每天睡几个小时? 하나: 我每天睡七个小时。
③ 동민: 我们什么时候出发? 스튜어디스: 十分钟以后就出发。

38 맛있는 주니어 중국어 3

그림 보고 말하기 说说 자신 있게 말해 보아요.

1 다음 그림을 보고 대화를 완성한 후 큰 소리로 말해 보세요.

① 休息
A 老师, 我们很累。
B 好, 休息十分钟 。

② 2个半小时
A 去上海要多长时间?
B 要 两个半小时 。

③
A 妈妈, 我可以去中国吗?
B 当然可以去 。

④
A 我可不可以用你的电脑?
B 可以用我的电脑 。

3과 到北京要几个小时? 39

4과 48쪽 · 49쪽

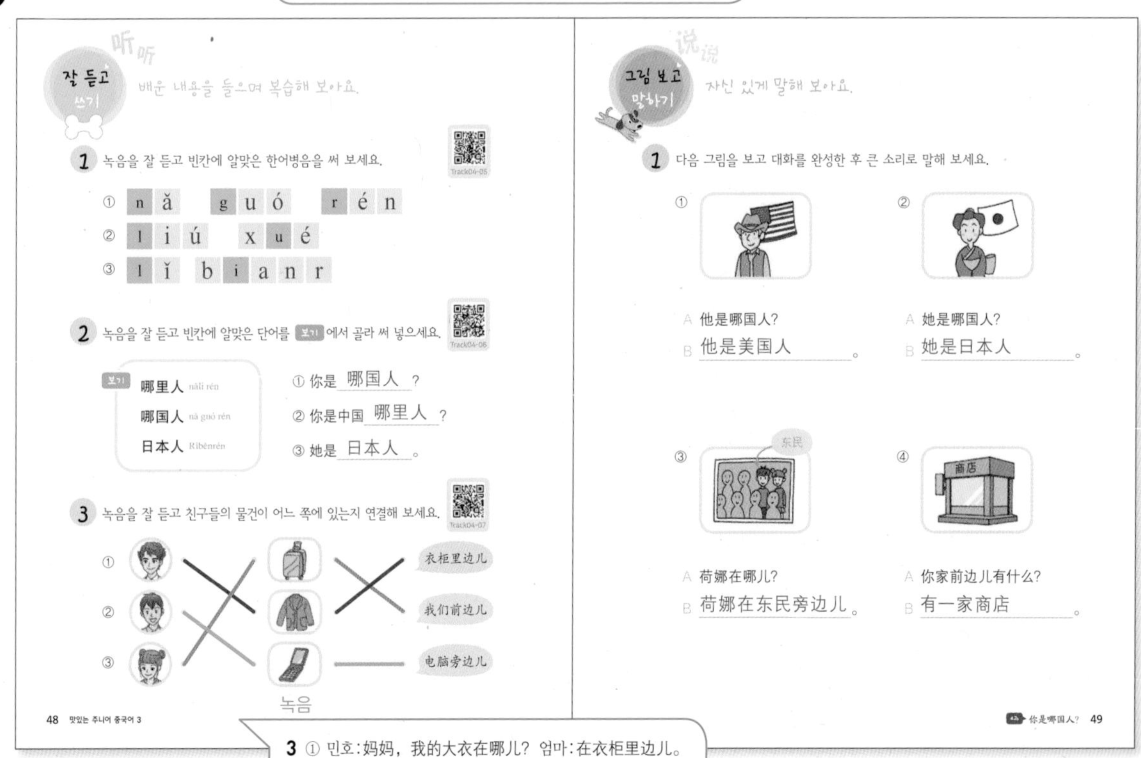

잘 듣고 쓰기 听听 배운 내용을 들으며 복습해 보아요.

1 녹음을 잘 듣고 빈칸에 알맞은 한어병음을 써 보세요. Track04-05

① nǎ guó rén
② liú xué
③ lǐ bianr

2 녹음을 잘 듣고 빈칸에 알맞은 단어를 보기 에서 골라 써 넣으세요. Track04-06

보기
哪里人 nǎlǐ rén
哪国人 nǎ guó rén
日本人 Rìběnrén

① 你是 哪国人 ?
② 你是中国 哪里人 ?
③ 她是 日本人 。

3 녹음을 잘 듣고 친구들의 물건이 어느 쪽에 있는지 연결해 보세요. Track04-07

① 衣柜里边儿
② 我们前边儿
③ 电脑旁边儿

녹음

3 ① 민호: 妈妈, 我的大衣在哪儿? 엄마: 在衣柜里边儿。
② 선생님: 你的手机在哪儿? 동민: 在电脑旁边儿。
③ 하나: 我的行李在哪儿? 민호: 在我们前边儿。

48 맛있는 주니어 중국어 3

그림 보고 말하기 说说 자신 있게 말해 보아요.

1 다음 그림을 보고 대화를 완성한 후 큰 소리로 말해 보세요.

①
A 他是哪国人?
B 他是美国人 。

②
A 她是哪国人?
B 她是日本人 。

③ 东民
A 荷娜在哪儿?
B 荷娜在东民旁边儿 。

④ 商店
A 你家前边儿有什么?
B 有一家商店 。

4과 你是哪国人? 49

복습 52쪽 · 53쪽

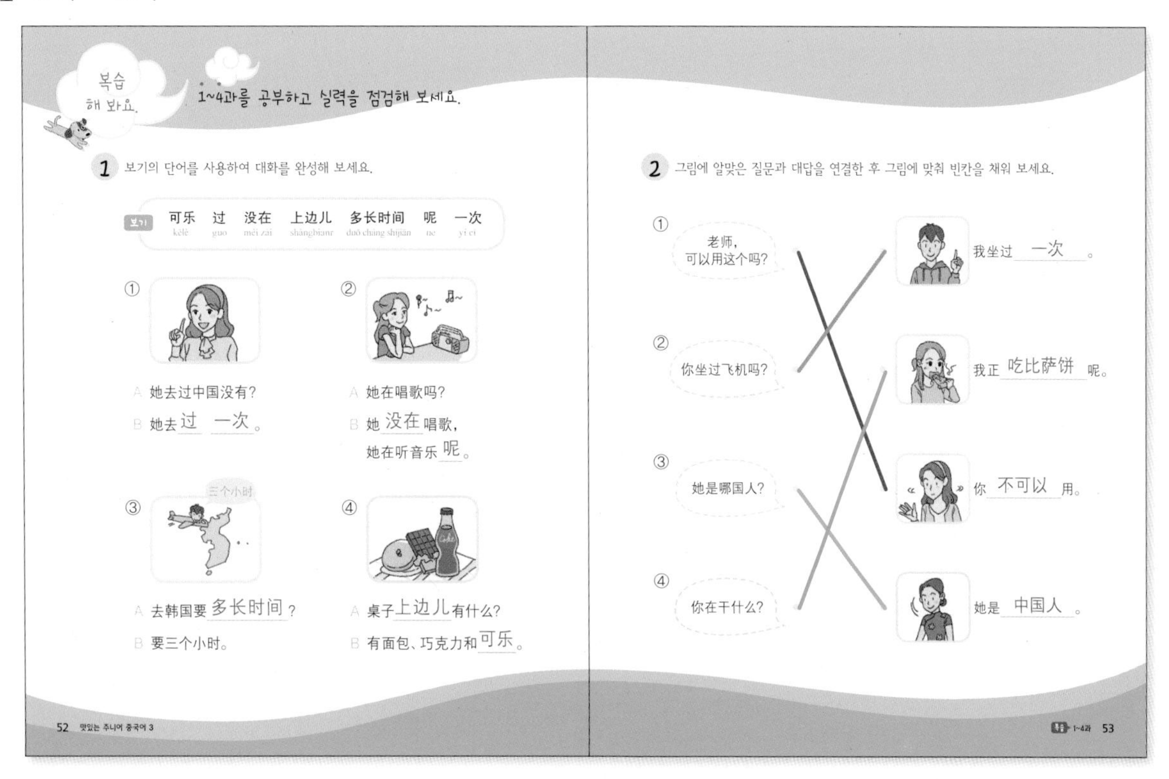

복습 해 봐요. 1~4과를 공부하고 실력을 점검해 보세요.

1 보기의 단어를 사용하여 대화를 완성해 보세요.

보기 可乐 kělè 过 guo 没在 méi zài 上边儿 shàngbianr 多长时间 duō cháng shíjiān 呢 ne 一次 yí cì

① A 她去过中国没有?
B 她去 过 一次 。

② A 她在唱歌吗?
B 她 没在 唱歌,
她在听音乐 呢 。

③
A 去韩国要 多长时间 ?
B 要三个小时。

④ A 桌子 上边儿 有什么?
B 有面包、巧克力和 可乐 。

2 그림에 알맞은 질문과 대답을 연결한 후 그림에 맞춰 빈칸을 채워 보세요.

① 老师,可以用这个吗? — 我坐过 一次 。
② 你坐过飞机吗? — 我正 吃比萨饼 呢。
③ 她是哪国人? — 你 不可以 用。
④ 你在干什么? — 她是 中国人 。

52 맛있는 주니어 중국어 3 · 복습 1~4과 53

5과 60쪽 · 61쪽

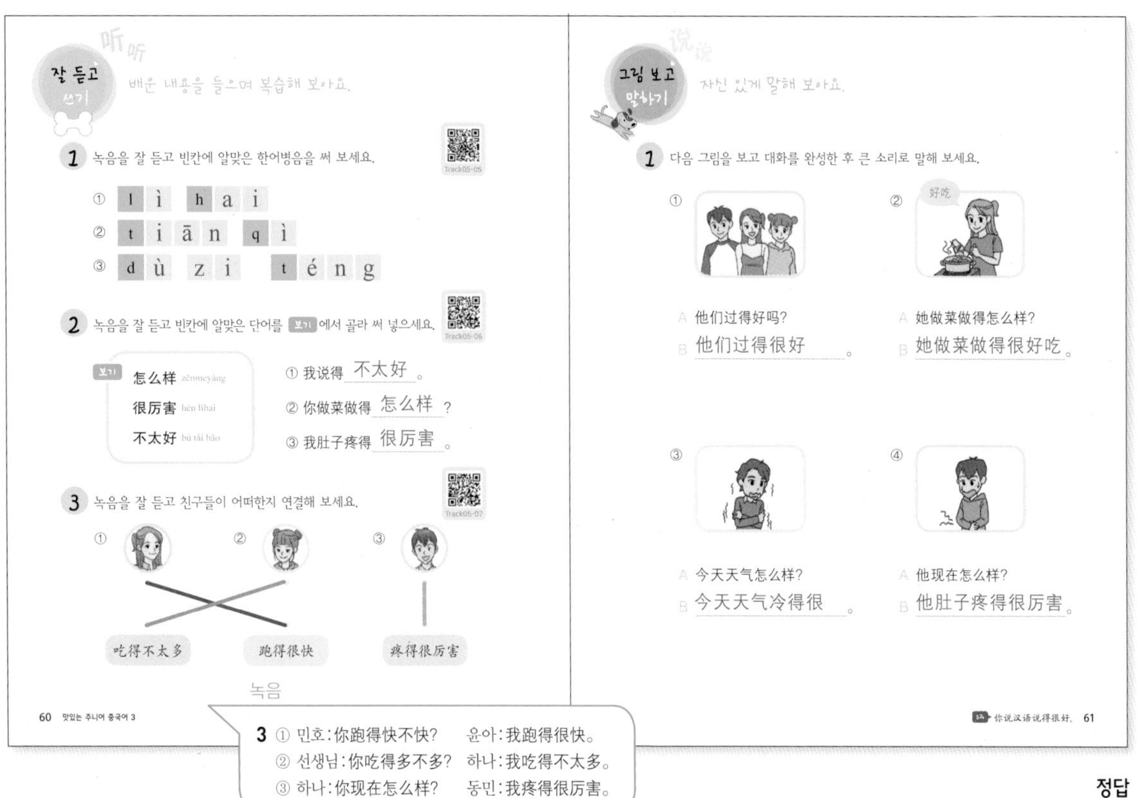

잘 듣고 쓰기 听听 배운 내용을 들으며 복습해 보아요.

1 녹음을 잘 듣고 빈칸에 알맞은 한어병음을 써 보세요. Track05-05

① l ì h a i
② t i ā n q ì
③ d ù z i t é n g

2 녹음을 잘 듣고 빈칸에 알맞은 단어를 보기에서 골라 써 넣으세요. Track05-06

보기 怎么样 zěnmeyàng 很厉害 hěn lìhai 不太好 bú tài hǎo

① 我说得 不太好 。
② 你做菜做得 怎么样 ?
③ 我肚子疼得 很厉害 。

3 녹음을 잘 듣고 친구들이 어떠한지 연결해 보세요. Track05-07

① — 跑得很快
② — 吃得不太多
③ — 疼得很厉害

그림 보고 말하기 说说 자신 있게 말해 보아요.

1 다음 그림을 보고 대화를 완성한 후 큰 소리로 말해 보세요.

① A 他们过得好吗?
B 他们过得很好 。

②
A 她做菜做得怎么样?
B 她做菜做得很好吃 。

③ A 今天天气怎么样?
B 今天天气冷得很 。

④ A 他现在怎么样?
B 他肚子疼得很厉害 。

60 맛있는 주니어 중국어 3 · 5과 你说汉语说得很好。 61

녹음

3 ① 민호:你跑得快不快? 윤아:我跑得很快。
② 선생님:你吃得多不多? 하나:我吃得不太多。
③ 하나:你现在怎么样? 동민:我疼得很厉害。

6과 70쪽 · 71쪽

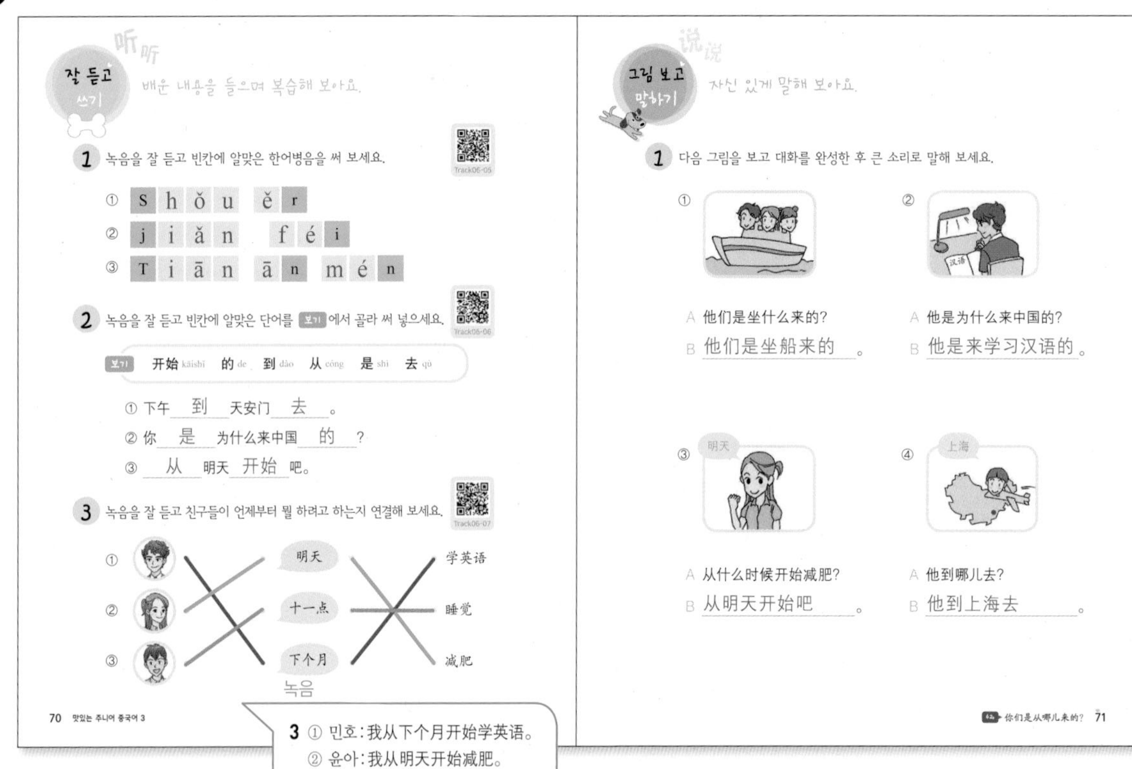

잘 듣고 쓰기 배운 내용을 들으며 복습해 보아요.
1 녹음을 잘 듣고 빈칸에 알맞은 한어병음을 써 보세요.
① Shǒu ěr
② jiǎn féi
③ Tiān ān mén
2 녹음을 잘 듣고 빈칸에 알맞은 단어를 보기에서 골라 써 넣으세요.
보기 开始 kāishǐ 的 de 到 dào 从 cóng 是 shì 去 qù
① 下午 到 天安门 去 。
② 你 是 为什么来中国 的 ？
③ 从 明天 开始 吧。
3 녹음을 잘 듣고 친구들이 언제부터 뭘 하려고 하는지 연결해 보세요.
明天
十一点
下个月
学英语
睡觉
减肥
녹음
70 맛있는 주니어 중국어 3
그림 보고 말하기 자신 있게 말해 보아요.
1 다음 그림을 보고 대화를 완성한 후 큰 소리로 말해 보세요.
A 他们是坐什么来的？
B 他们是坐船来的 。
A 他是为什么来中国的？
B 他是来学习汉语的 。
明天
A 从什么时候开始减肥？
B 从明天开始吧 。
上海
A 他到哪儿去？
B 他到上海去 。
6과 你们是从哪儿来的？ 71

3 ① 민호：我从下个月开始学英语。
② 윤아：我从明天开始减肥。
③ 동민：我从十一点开始睡觉。

7과 80쪽 · 81쪽

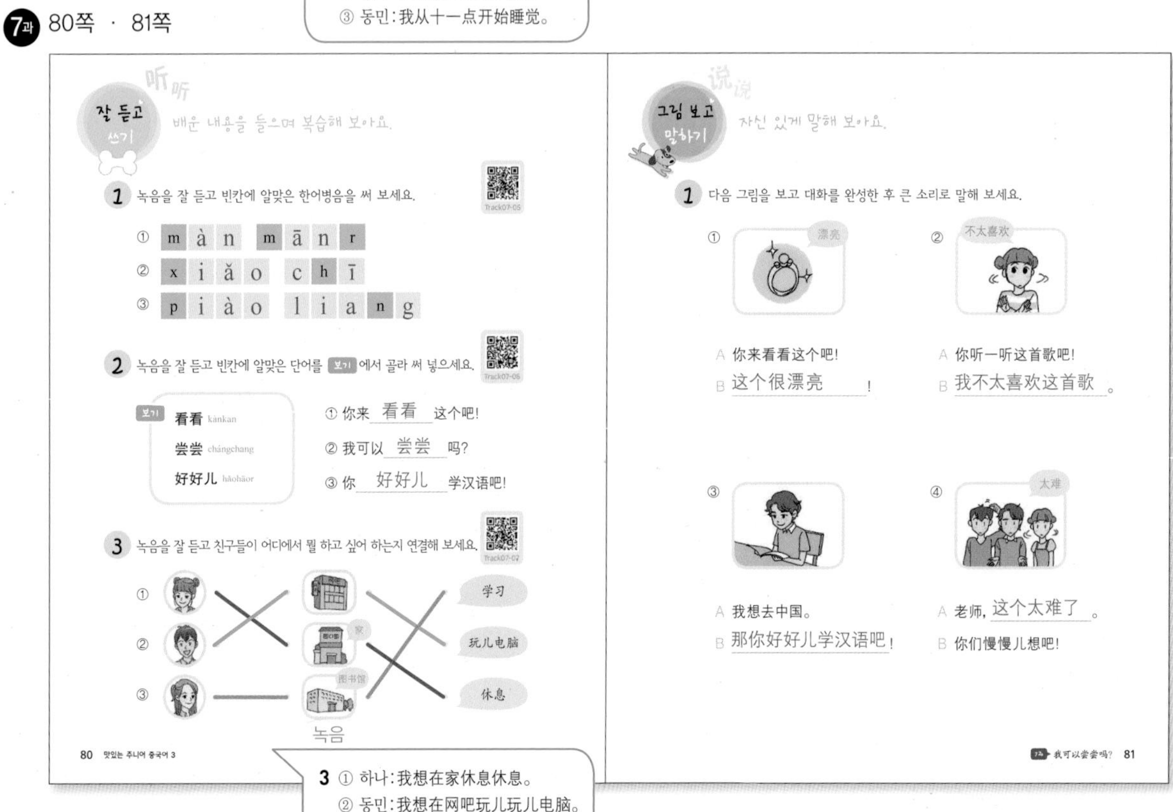

잘 듣고 쓰기 배운 내용을 들으며 복습해 보아요.
1 녹음을 잘 듣고 빈칸에 알맞은 한어병음을 써 보세요.
① màn mānr
② xiǎo chī
③ piào liang
2 녹음을 잘 듣고 빈칸에 알맞은 단어를 보기에서 골라 써 넣으세요.
보기 看看 kànkan 尝尝 chángchang 好好儿 hǎohāor
① 你来 看看 这个吧！
② 我可以 尝尝 吗？
③ 你 好好儿 学汉语吧！
3 녹음을 잘 듣고 친구들이 어디에서 뭘 하고 싶어 하는지 연결해 보세요.
家
图书馆
学习
玩儿电脑
休息
녹음
80 맛있는 주니어 중국어 3
그림 보고 말하기 자신 있게 말해 보아요.
1 다음 그림을 보고 대화를 완성한 후 큰 소리로 말해 보세요.
漂亮
A 你来看看这个吧！
B 这个很漂亮 ！
不太喜欢
A 你听一听这首歌吧！
B 我不太喜欢这首歌 。
A 我想去中国。
B 那你好好儿学汉语吧！
太难
A 老师，这个太难了 。
B 你们慢慢儿想吧！
7과 我可以尝尝吗？ 81

3 ① 하나：我想在家休息休息。
② 동민：我想在网吧玩儿玩儿电脑。
③ 윤아：我想在图书馆学习。

8과 90쪽 · 91쪽

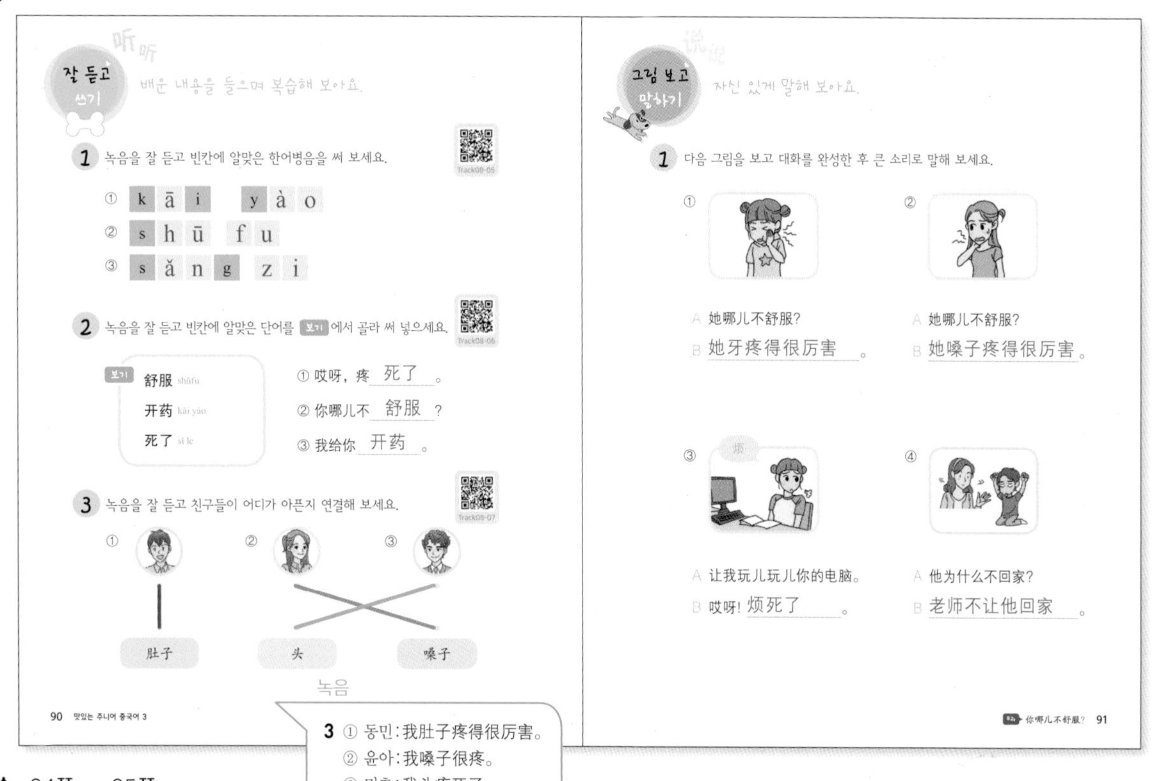

잘 듣고 쓰기 배운 내용을 들으며 복습해 보아요.

1 녹음을 잘 듣고 빈칸에 알맞은 한어병음을 써 보세요.

① kāi yào
② shū fu
③ sǎng zi

2 녹음을 잘 듣고 빈칸에 알맞은 단어를 보기에서 골라 써 넣으세요.

보기 舒服 shūfu / 开药 kāi yào / 死了 sǐ le

① 哎呀，疼 死了 。
② 你哪儿不 舒服 ？
③ 我给你 开药 。

3 녹음을 잘 듣고 친구들이 어디가 아픈지 연결해 보세요.

① — 肚子
② — 嗓子
③ — 头

90 맛있는 주니어 중국어 3

그림 보고 말하기 자신 있게 말해 보아요.

1 다음 그림을 보고 대화를 완성한 후 큰 소리로 말해 보세요.

① A 她哪儿不舒服？ B 她牙疼得很厉害。
② A 她哪儿不舒服？ B 她嗓子疼得很厉害。
③ A 让我玩儿玩儿你的电脑。 B 哎呀！烦死了。
④ A 他为什么不回家？ B 老师不让他回家。

8과 你哪儿不舒服？ 91

녹음
3 ① 동민：我肚子疼得很厉害。
② 윤아：我嗓子很疼。
③ 민호：我头疼死了。

복습 94쪽 · 95쪽

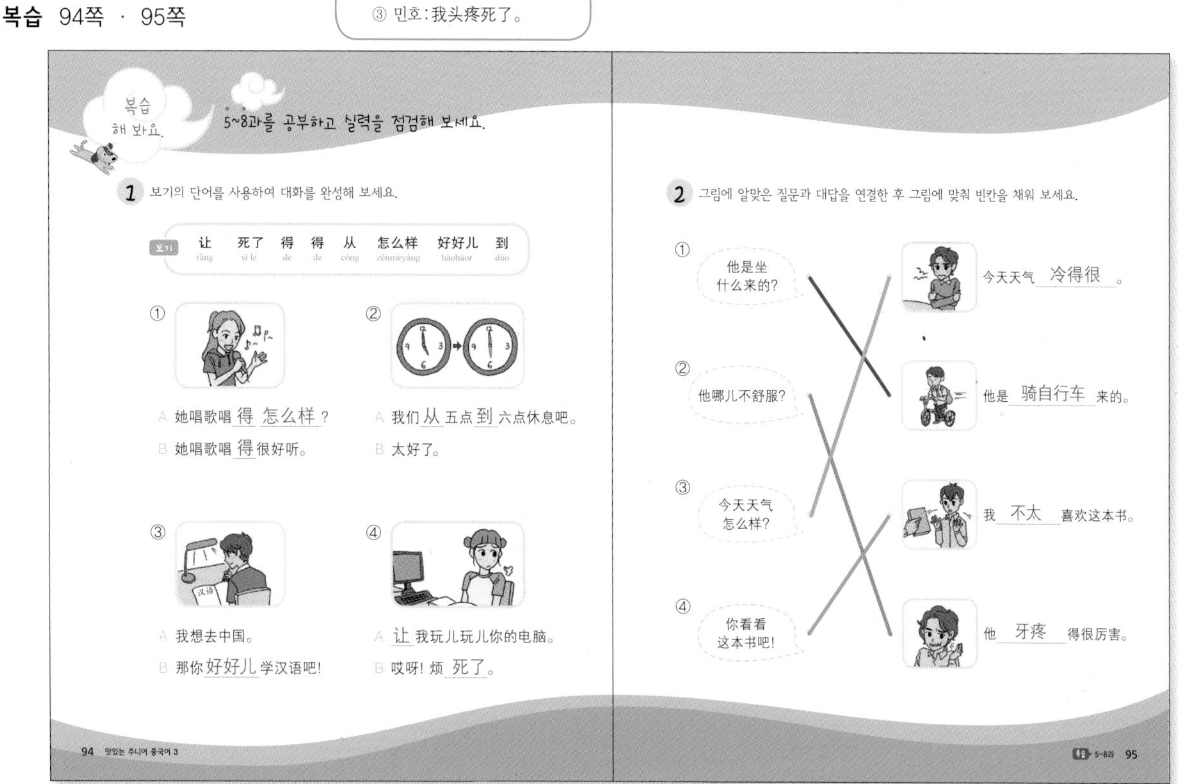

복습 해 봐요. 5~8과를 공부하고 실력을 점검해 보세요.

1 보기의 단어를 사용하여 대화를 완성해 보세요.

보기 让 ràng / 死了 sǐ le / 得 de / 得 de / 从 cóng / 怎么样 zěnmeyàng / 好好儿 hǎohāor / 到 dào

① A 她唱歌唱 得 怎么样 ？ B 她唱歌唱 得 很好听。
② A 我们 从 五点 到 六点休息吧。 B 太好了。
③ A 我想去中国。 B 那你 好好儿 学汉语吧！
④ A 让 我玩儿玩儿你的电脑。 B 哎呀！烦 死了 。

2 그림에 알맞은 질문과 대답을 연결한 후 그림에 맞춰 빈칸을 채워 보세요.

① 他是坐什么来的？ — 他是 骑自行车 来的。
② 他哪儿不舒服？ — 他 牙疼 得很厉害。
③ 今天天气怎么样？ — 今天天气 冷得很 。
④ 你看看这本书吧！ — 我 不太 喜欢这本书。

94 맛있는 주니어 중국어 3 / 복습 5~8과 95

9과 102쪽 · 103쪽

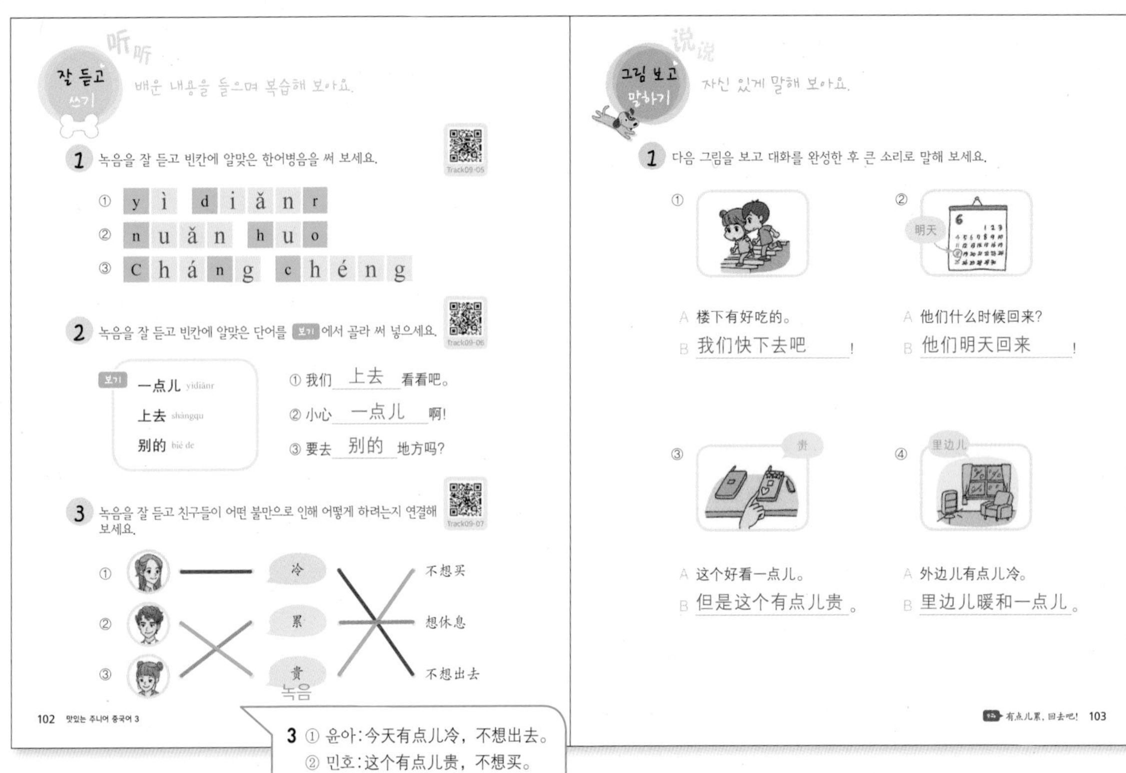

听听
잘 듣고 쓰기 배운 내용을 들으며 복습해 보아요.
1 녹음을 잘 듣고 빈칸에 알맞은 한어병음을 써 보세요.
① y ì d i ǎ n r
② n u ǎ n h u o
③ C h á n g c h é n g
2 녹음을 잘 듣고 빈칸에 알맞은 단어를 보기에서 골라 써 넣으세요.
보기 一点儿 yìdiǎnr 上去 shàngqu 别的 bié de
① 我们 上去 看看吧。
② 小心 一点儿 啊!
③ 要去 别的 地方吗?
3 녹음을 잘 듣고 친구들이 어떤 불만으로 인해 어떻게 하려는지 연결해 보세요.
冷 累 贵
不想买 想休息 不想出去
102 맛있는 주니어 중국어 3
说说
그림 보고 말하기 자신 있게 말해 보아요.
1 다음 그림을 보고 대화를 완성한 후 큰 소리로 말해 보세요.
① A 楼下有好吃的。 B 我们快下去吧!
② 明天 A 他们什么时候回来? B 他们明天回来!
③ 贵 A 这个好看一点儿。 B 但是这个有点儿贵。
④ 里边儿 A 外边儿有点儿冷。 B 里边儿暖和一点儿。
9과 有点儿累，回去吧! 103

녹음

3 ① 윤아：今天有点儿冷，不想出去。
② 민호：这个有点儿贵，不想买。
③ 하나：我有点儿累，想休息。

10과 112쪽 · 113쪽

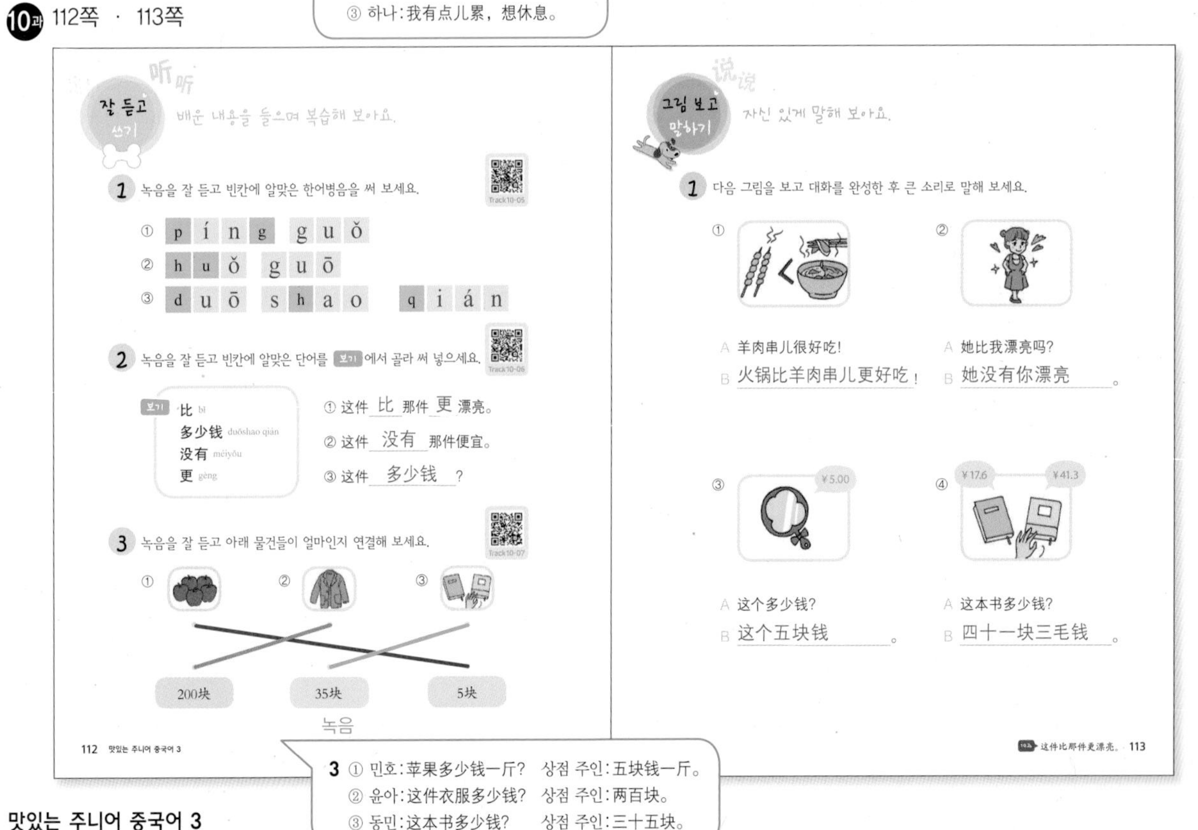

听听
잘 듣고 쓰기 배운 내용을 들으며 복습해 보아요.
1 녹음을 잘 듣고 빈칸에 알맞은 한어병음을 써 보세요.
① p í n g g u ǒ
② h u ǒ g u ō
③ d u ō s h a o q i á n
2 녹음을 잘 듣고 빈칸에 알맞은 단어를 보기에서 골라 써 넣으세요.
보기 比 bǐ 多少钱 duōshao qián 没有 méiyǒu 更 gèng
① 这件 比 那件 更 漂亮。
② 这件 没有 那件便宜。
③ 这件 多少钱 ?
3 녹음을 잘 듣고 아래 물건들이 얼마인지 연결해 보세요.
200块 35块 5块
112 맛있는 주니어 중국어 3
说说
그림 보고 말하기 자신 있게 말해 보아요.
1 다음 그림을 보고 대화를 완성한 후 큰 소리로 말해 보세요.
① A 羊肉串儿很好吃! B 火锅比羊肉串儿更好吃!
② A 她比我漂亮吗? B 她没有你漂亮。
③ ¥5.00 A 这个多少钱? B 这个五块钱。
④ ¥17.6 ¥41.3 A 这本书多少钱? B 四十一块三毛钱。
10과 这件比那件更漂亮。 113

녹음

3 ① 민호：苹果多少钱一斤？ 상점 주인：五块钱一斤。
② 윤아：这件衣服多少钱？ 상점 주인：两百块。
③ 동민：这本书多少钱？ 상점 주인：三十五块。

11과 122쪽 · 123쪽

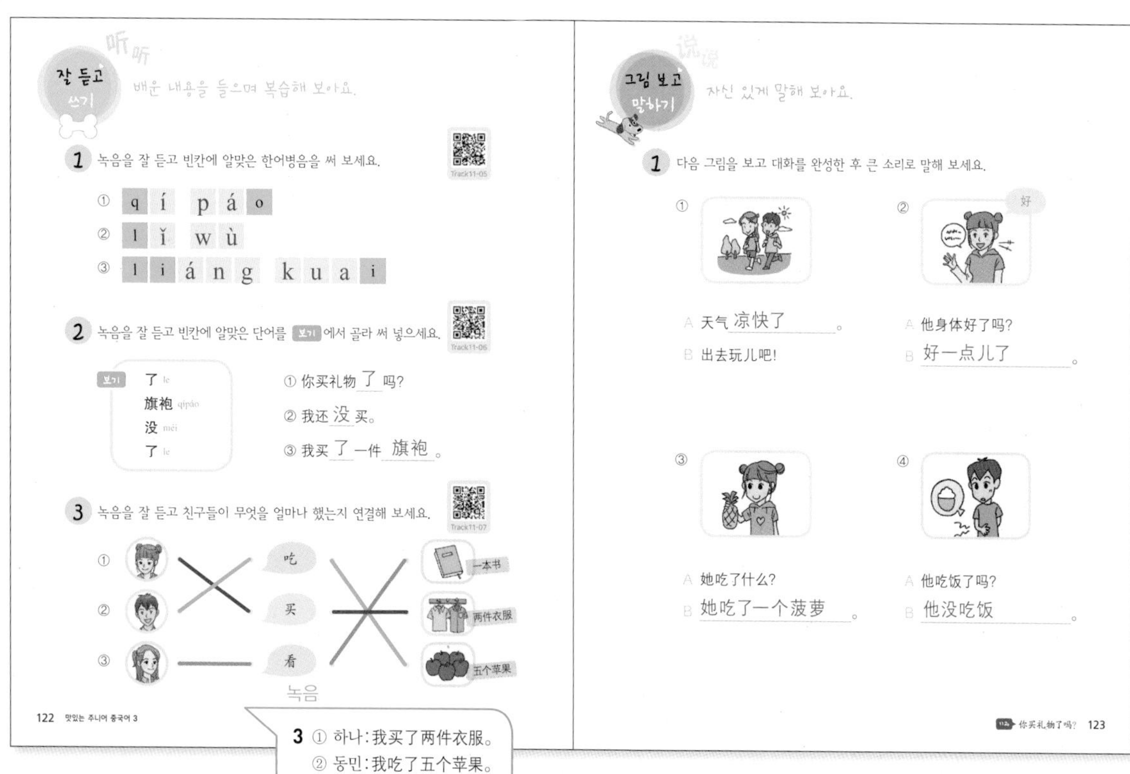

听
잘 듣고 쓰기 배운 내용을 들으며 복습해 보아요.

1 녹음을 잘 듣고 빈칸에 알맞은 한어병음을 써 보세요. Track11-05

① qí páo
② lǐ wù
③ liáng kuai

2 녹음을 잘 듣고 빈칸에 알맞은 단어를 보기에서 골라 써 넣으세요. Track11-06

보기 了 le / 旗袍 qípáo / 没 méi / 了 le

① 你买礼物 了 吗?
② 我还 没 买。
③ 我买 了 一件 旗袍 。

3 녹음을 잘 듣고 친구들이 무엇을 얼마나 했는지 연결해 보세요. Track11-07

① 吃 / ② 买 / ③ 看 — 一本书 / 两件衣服 / 五个苹果

녹음

122 맛있는 주니어 중국어 3

说
그림 보고 말하기 자신 있게 말해 보아요.

1 다음 그림을 보고 대화를 완성한 후 큰 소리로 말해 보세요.

① A 天气 凉快了 。
B 出去玩儿吧!

② 好
A 他身体好了吗?
B 好一点儿了 。

③ A 她吃了什么?
B 她吃了一个菠萝 。

④ A 他吃饭了吗?
B 他没吃饭 。

11과 你买礼物了吗? 123

3 ① 하나: 我买了两件衣服。
② 동민: 我吃了五个苹果。
③ 윤아: 我看了一本书。

12과 132쪽 · 133쪽

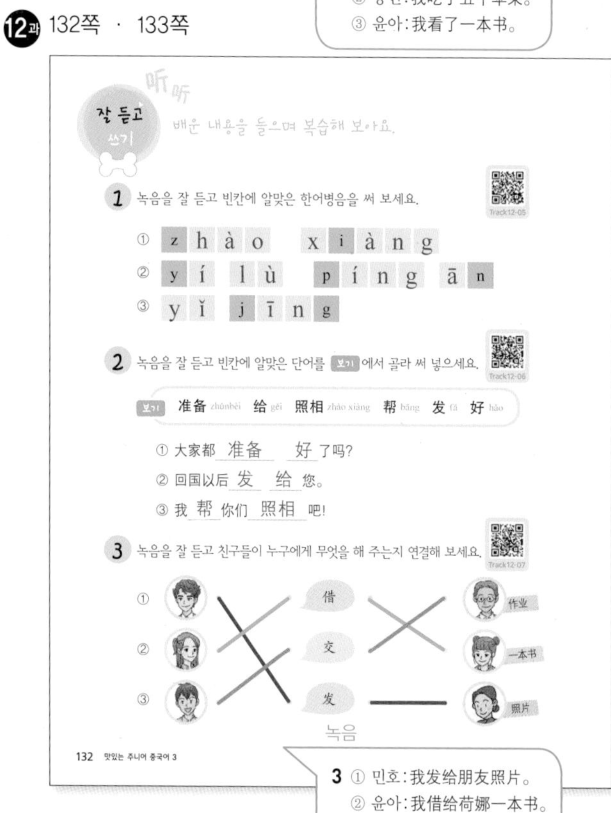

听
잘 듣고 쓰기 배운 내용을 들으며 복습해 보아요.

1 녹음을 잘 듣고 빈칸에 알맞은 한어병음을 써 보세요. Track12-05

① zhào xiàng
② yí lù píng ān
③ yǐ jīng

2 녹음을 잘 듣고 빈칸에 알맞은 단어를 보기에서 골라 써 넣으세요. Track12-06

보기 准备 zhǔnbèi 给 gěi 照相 zhào xiàng 帮 bāng 发 fā 好 hǎo

① 大家都 准备 好 了吗?
② 回国以后 发 给 您。
③ 我 帮 你们 照相 吧!

3 녹음을 잘 듣고 친구들이 누구에게 무엇을 해 주는지 연결해 보세요. Track12-07

① 借 / ② 交 / ③ 发 — 作业 / 一本书 / 照片

녹음

132 맛있는 주니어 중국어 3

说
그림 보고 말하기 자신 있게 말해 보아요.

1 다음 그림을 보고 대화를 완성한 후 큰 소리로 말해 보세요.

① A 她做好作业了吗?
B 还没做好 。

② A 她跟他约好了吗?
B 已经跟他约好了 。

③ A 请你借给我词典 !
B 什么时候还给我?

④ A 我还没交给老师作业。
B 我帮你交给老师 。

12과 大家都准备好了吗? 133

3 ① 민호: 我发给朋友照片。
② 윤아: 我借给荷娜一本书。
③ 동민: 我交给老师作业。

복습 136쪽 · 137쪽

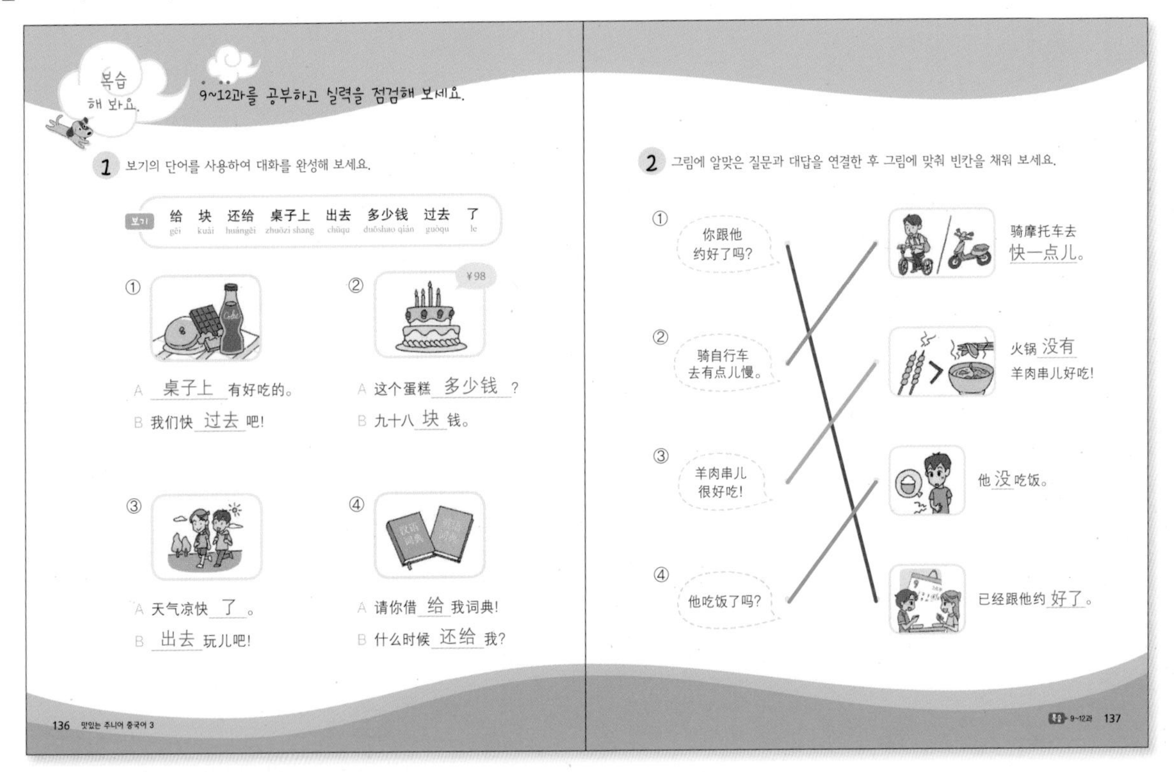
복습 해 봐요.
9~12과를 공부하고 실력을 점검해 보세요.
1 보기의 단어를 사용하여 대화를 완성해 보세요.
보기 给 gěi 块 kuài 还给 huángěi 桌子上 zhuōzi shang 出去 chūqu 多少钱 duōshao qián 过去 guòqu 了 le
① A 桌子上 有好吃的。
B 我们快 过去 吧!
② ¥98
A 这个蛋糕 多少钱 ?
B 九十八 块 钱。
③ A 天气凉快 了 。
B 出去 玩儿吧!
④ A 请你借 给 我词典!
B 什么时候 还给 我?
2 그림에 알맞은 질문과 대답을 연결한 후 그림에 맞춰 빈칸을 채워 보세요.
① 你跟他约好了吗?
② 骑自行车去有点儿慢。
③ 羊肉串儿很好吃!
④ 他吃饭了吗?
骑摩托车去 快一点儿。
火锅 没有 羊肉串儿好吃!
他 没 吃饭。
已经跟他约 好了。
136 맛있는 주니어 중국어 3
복습 9~12과 137

吉
有
余

福

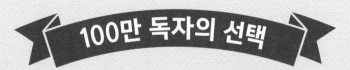

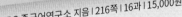

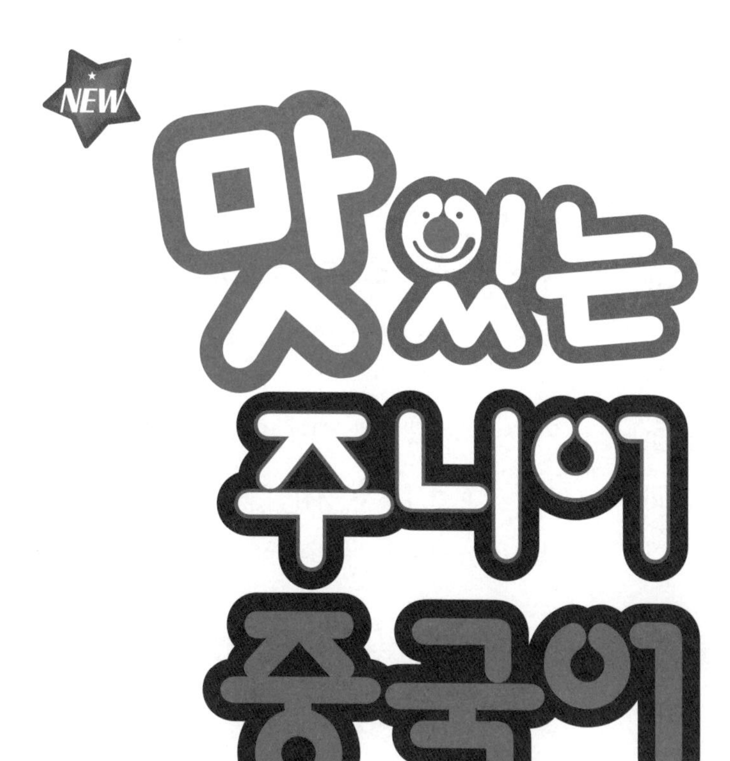

3

Work Book

맛있는 books

차례

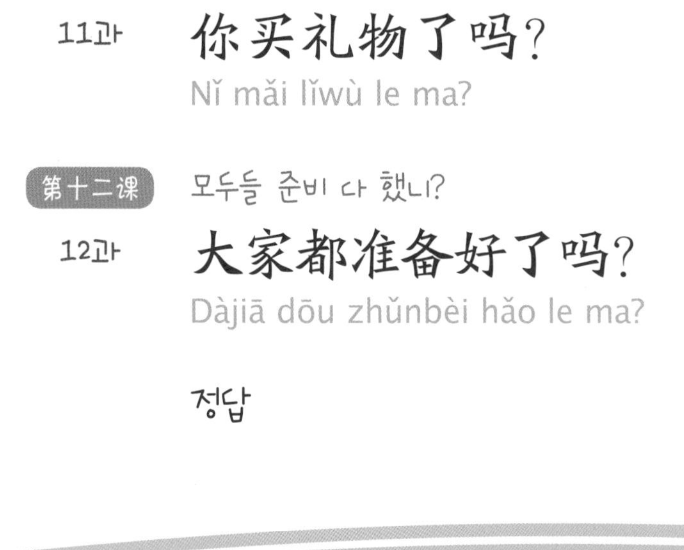

余

너 중국에 가 본 적 있니?

你去过中国吗？

Nǐ qùguo Zhōngguó ma?

1 다음 빈칸에 들어갈 알맞은 표현을 고르고 큰 소리로 읽어 보세요.

①

➡ 他＿＿＿＿＿＿＿＿。

❶ 去过中国
❷ 来过韩国
❸ 没来过韩国
❹ 没去过中国

②

➡ 他还没＿＿＿＿＿＿＿＿。

❶ 骑过摩托车
❷ 坐过船
❸ 骑过自行车
❹ 坐过飞机

③

➡ 他＿＿＿＿＿＿＿＿。

❶ 做过一次
❷ 喝过两次
❸ 吃过一次
❹ 买过两次

2 그림을 보고 대화를 완성한 후, 친구들과 큰 소리로 대화해 보세요.

3 다음 문장에서 밑줄 친 부분을 바르게 고쳐 보세요.

① 我还不坐过。 ➡

② 你去过中国没有吗? ➡

③ 我吃过一遍，非常好吃。 ➡

4 우리말 해석을 보고 빈칸에 알맞은 한자를 써 보세요.

① **你去过中国** ☐☐? ➡ 너 중국에 가 본 적 있니 없니?

② **我坐过** ☐☐。 ➡ 나 세 번 타 봤어.

③ **我喝过** ☐☐。 ➡ 나 한 번 마셔 본 적 있어.

5 우리말 문장을 보고 주어진 단어들을 순서에 맞춰 써 보세요.

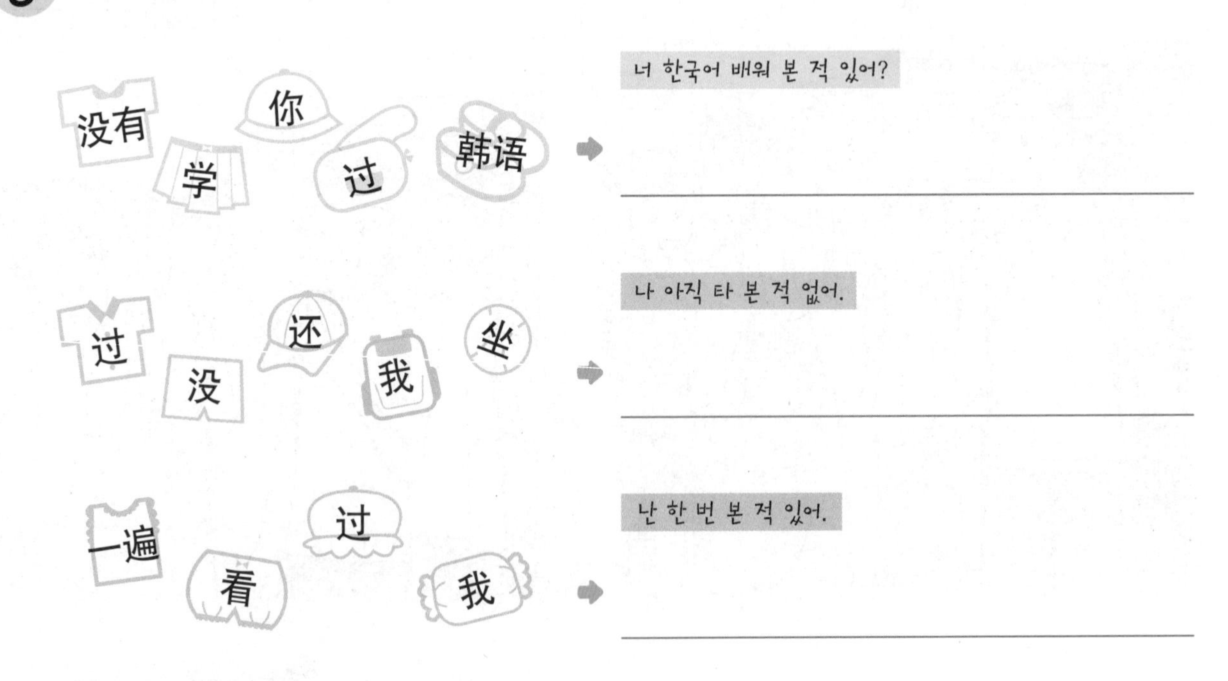

6 다음 한자를 큰 소리로 읽으며 써 보세요.

次 cì
次 버금 **차**
丶 冫 冫' 冫' 次 次

还 hái
還 돌아올 **환**
一 ア 不 不 `不 讠不 还

没 méi
沒 없을 **몰**
丶 丶 氵 氵 氵 氵 没

旅 lǚ
旅 여행할 **려**
丶 亠 亍 方 方 方 方 方 方 旅

羊 yáng
羊 양 **양**
丶 丷 丷 兰 兰 羊

肉 ròu
肉 고기 **육**
丨 冂 内 内 肉 肉

나 지금 비행기표 예약하고 있어.

我在订飞机票。

Wǒ zài dìng fēijīpiào.

1 다음 빈칸에 들어갈 알맞은 표현을 고르고 큰 소리로 읽어 보세요.

①

➡ 她们＿＿＿＿＿＿＿＿。

❶ 在做作业
❷ 在打电话
❸ 在吃午饭
❹ 在喝可乐

②

➡ 爸爸＿＿＿＿＿＿＿＿。

❶ 正在开车
❷ 正在骑自行车
❸ 正在工作
❹ 正在看电视

③

➡ 他＿＿＿＿＿＿＿＿＿＿＿＿。

❶ 没在听音乐，在唱歌
❷ 没在听音乐，在看电视
❸ 没在唱歌，在玩儿电脑
❹ 没在唱歌，在听音乐

2 그림을 보고 대화를 완성한 후, 친구들과 큰 소리로 대화해 보세요.

3 다음 문장에서 밑줄 친 부분을 바르게 고쳐 보세요.

① 正在我吃饭。 ➡

② 你呢干什么？ ➡

③ 我不在玩儿电脑。 ➡

4 우리말 해석을 보고 빈칸에 알맞은 한자를 써 보세요.

① 她 ＿ ＿ 看书， ＿ ＿ 电影。 ➡ 그 애는 책이 아니라 영화를 보고 있어.

② 爸爸 ＿ ＿ 工作。 ➡ 아버지께서는 일하시는 중이에요.

③ 姐姐干什么 ＿ ？ ➡ 누나는 뭐 하는 중이니?

5 우리말 문장을 보고 주어진 단어들을 순서에 맞춰 써 보세요.

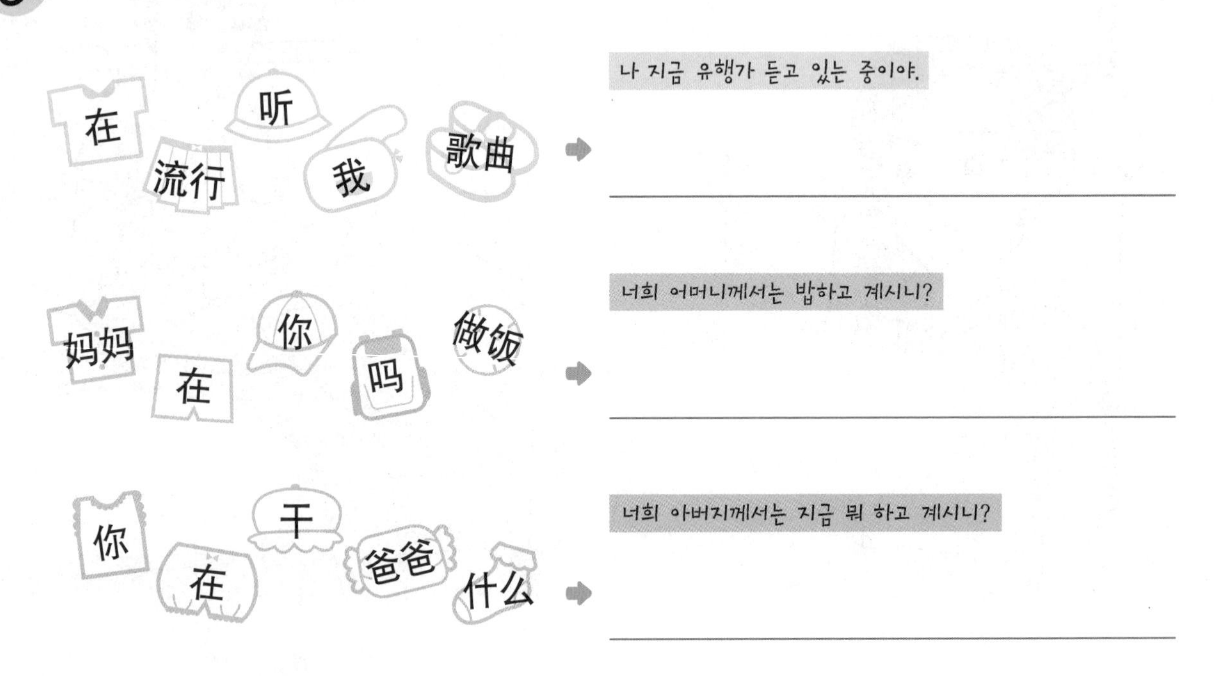

6 다음 한자를 큰 소리로 읽으며 써 보세요.

订 dìng
訂 바로잡을 **정**
` 讠 订 订
订

票 piào
票 표 **표**
一 ㄧ 〒 丙 覀 覀 覀 票 票 票 票
票

收 shōu
收 거둘 **수**
丨 ㄐ 屮 屮 收 收
收

拾 shí
拾 주울 **습**
一 扌 扌 扌 扌 扌 拾 拾 拾
拾

李 lǐ
李 오얏 **리**
一 十 才 木 本 李 李
李

指 zhǐ
指 가리킬 **지**
一 扌 扌 扌 扌 指 指 指 指
指

베이징에 도착하는 데 몇 시간 걸리죠?

到北京要几个小时?

Dào Běijīng yào jǐ ge xiǎoshí?

1 다음 빈칸에 들어갈 알맞은 표현을 고르고 큰 소리로 읽어 보세요.

① 两个半

➡ 去上海 ________________ 。

❶ 要三十分钟
❷ 要两个半小时
❸ 要七个小时
❹ 要两天

② 休息

➡ 我们 ________________ 。

❶ 休息十分钟
❷ 玩儿十分钟
❸ 坐十分钟
❹ 睡十分钟

③

➡ 你 ________________ 。

❶ 可以吃我的面包
❷ 不可以打电话
❸ 可以用我的电脑
❹ 不可以看电视

2 그림을 보고 대화를 완성한 후, 친구들과 큰 소리로 대화해 보세요.

3 다음 문장에서 밑줄 친 부분을 바르게 고쳐 보세요.

① 我们休息十分。 ➡

② 他每天睡六点半。 ➡

③ 到北京要几点? ➡

4 우리말 해석을 보고 빈칸에 알맞은 한자를 써 보세요.

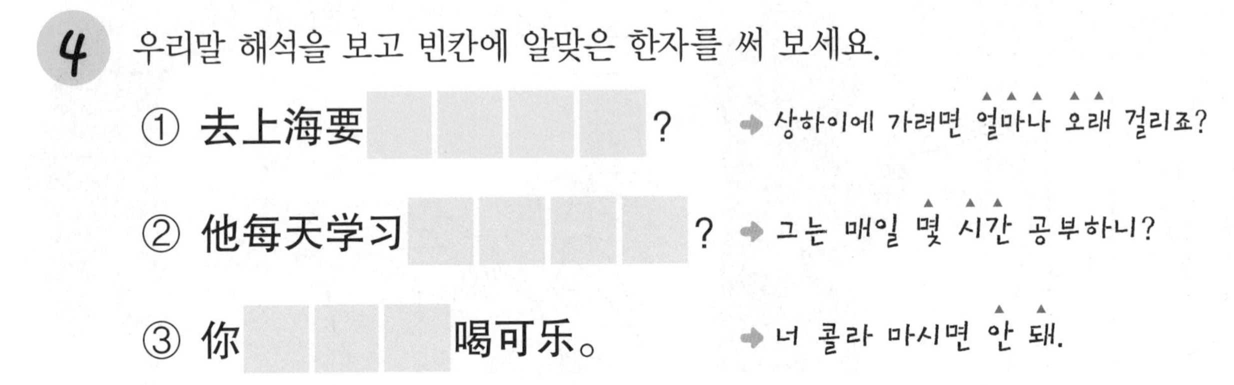

① 去上海要 ____ ____ ____ ____ ? ➡ 상하이에 가려면 얼마나 오래 걸리죠?

② 他每天学习 ____ ____ ____ ____ ? ➡ 그는 매일 몇 시간 공부하니?

③ 你 ____ ____ 喝可乐。 ➡ 너 콜라 마시면 안 돼.

5 우리말 문장을 보고 주어진 단어들을 순서에 맞춰 써 보세요.

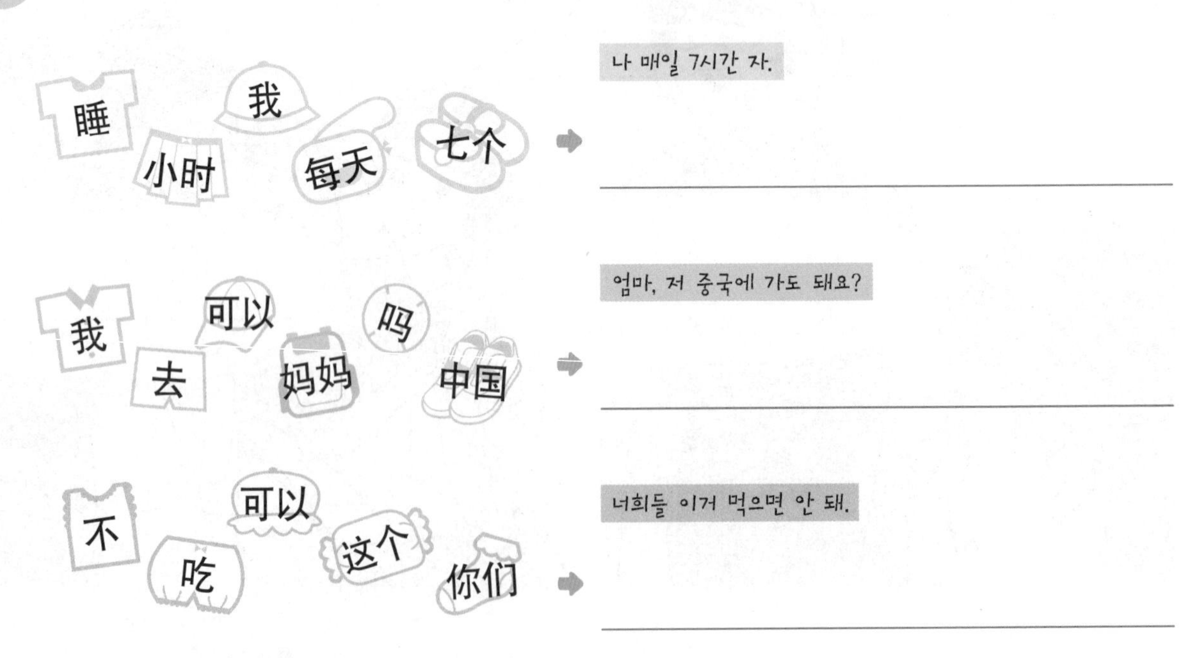

6 다음 한자를 큰 소리로 읽으며 써 보세요.

到 dào
到 이를 **도**

一 ㄷ ㄷ 즈 至 至 到 到

到

出 chū
出 날 **출**

ㄴ 凵 屮 出 出

出

发 fā
發 쏠 **발**

ㄴ 乂 方 发 发

发

分 fēn
分 나눌 **분**

丿 八 分 分

分

钟 zhōng
鐘 종 **종**

丿 ㄏ ㄷ 乍 钅 钅 钔 钔 钟

钟

可 kě
可 옳을 **가**

一 丆 丆 可 可

可

당신은 어느 나라 사람입니까?

你是哪国人?

Nǐ shì nǎ guó rén?

1 다음 빈칸에 들어갈 알맞은 표현을 고르고 큰 소리로 읽어 보세요.

①

➡ 他是 ________。

❶ 中国人
❷ 韩国人
❸ 日本人
❹ 美国人

②

➡ 她 ________。

❶ 在东民旁边儿
❷ 在学校里边儿
❸ 在东民后边儿
❹ 在老师前边儿

③

➡ 他家 ________。

❶ 上边儿有一家商店
❷ 下边儿有一家银行
❸ 前边儿有一家饭馆儿
❹ 后边儿有一家公司

2 그림을 보고 대화를 완성한 후, 친구들과 큰 소리로 대화해 보세요.

3 다음 문장에서 밑줄 친 부분을 바르게 고쳐 보세요.

① 你是什么国人？ ➡

② 她在旁边儿我。 ➡

③ 我有东民前边儿。 ➡

4 우리말 해석을 보고 빈칸에 알맞은 한자를 써 보세요.

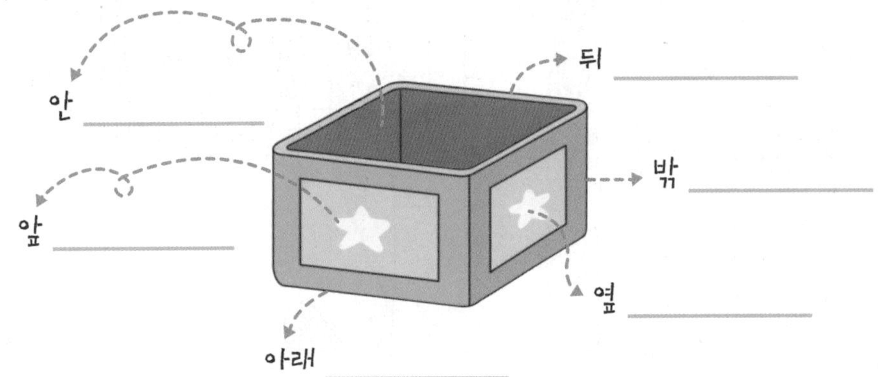

5 우리말 문장을 보고 주어진 단어들을 순서에 맞춰 써 보세요.

6 다음 한자를 큰 소리로 읽으며 써 보세요.

한자	병음	뜻과 음	필순
哪	nǎ	哪 어찌 **나**	丨 ㄇ 口 叮 叮 叨 明 哪 哪
留	liú	留 머무를 **류**	ノ ㄷ ㄷ 卬 卯 卯 留 留 留 留
护	hù	護 지킬 **호**	一 十 扌 扌 扩 护 护
照	zhào	照 비출 **조**	丨 冂 日 日 旪 昭 昭 昭 照 照 照 照 照
边	biān	邊 가 **변**	ㄱ 力 力 边 边
包	bāo	包 쌀 **포**	ノ 勹 勹 句 包

너 중국어를 아주 잘 하는구나.

你说汉语说得很好。

Nǐ shuō Hànyǔ shuō de hěn hǎo.

1 다음 빈칸에 들어갈 알맞은 표현을 고르고 큰 소리로 읽어 보세요.

①

➡ 他们＿＿＿＿＿＿。

❶ 睡得很好
❷ 过得很好
❸ 玩儿得不好
❹ 过得不太好

②

➡ 她＿＿＿＿＿＿。

❶ 吃饭吃得很多
❷ 吃饭吃得不多
❸ 做菜做得很好吃
❹ 说汉语说得很好

③

➡ 今天天气＿＿＿＿＿＿。

❶ 热得很
❷ 冷得很
❸ 好得很
❹ 热得很厉害

2 그림을 보고 대화를 완성한 후, 친구들과 큰 소리로 대화해 보세요.

3 다음 문장에서 밑줄 친 부분을 바르게 고쳐 보세요.

① 你过的好吗? ➡

② 哥哥吃饭得很多。 ➡

③ 姐姐说好得吗? ➡

4 우리말 해석을 보고 빈칸에 알맞은 한자를 써 보세요.

① 你 ___ ___ ___ 怎么样? ➡ 너 요리하는 거 어떠니?

② 姐姐吃得 ___ ___ ___。 ➡ 언니는 그다지 많이 먹지 않는다.

③ 我肚子疼得 ___ ___ ___。 ➡ 저 배가 심하게 아파요.

5 우리말 문장을 보고 주어진 단어들을 순서에 맞춰 써 보세요.

过 好 得 吗 你们 ➡ 너희들 잘 지내니?

面包 贵 那个 很 得 ➡ 그 빵 아주 비싸.

快 弟弟 不太 跑 得 ➡ 남동생은 그다지 빨리 달리지 않는다.

6 다음 한자를 큰 소리로 읽으며 써 보세요.

热 rè
熱 더울 **열**
一 十 扌 扌 执 执 执 热 热 热

厉 lì
厲 엄할 **려**
一 厂 厂 厅 厉

害 hài
害 해칠 **해**
丶 ⺍ 宀 宀 宀 宔 宔 宔 害 害

建 jiàn
建 세울 **건**
ㄱ ㅋ ㅋ ㅋ ㅌ 聿 津 建

做 zuò
做 지을 **주**
丿 亻 亻 什 估 估 做 做 做 做

跑 pǎo
跑 달릴 **포**
丨 口 口 卩 早 呈 足 足 趵 趵 趵 跑

너희들은 어디에서 온 거니?

你们是从哪儿来的?

Nǐmen shì cóng nǎr lái de?

1 다음 빈칸에 들어갈 알맞은 표현을 고르고 큰 소리로 읽어 보세요.

①

➡他＿＿＿＿＿＿＿＿。

❶ 是来学习汉语的
❷ 是来玩电脑的
❸ 是来吃饭的
❹ 是来看电影的

②

➡他＿＿＿＿＿＿＿。

❶ 到上海去
❷ 到美国去
❸ 到首尔来
❹ 到北京来

③

➡她＿＿＿＿＿＿减肥。

❶ 从今天开始
❷ 从明天开始
❸ 从七月开始
❹ 从明年开始

2 그림을 보고 대화를 완성한 후, 친구들과 큰 소리로 대화해 보세요.

3 다음 문장에서 밑줄 친 부분을 바르게 고쳐 보세요.

① 他们是明天来的吗? ➡

② 你到什么时候开始? ➡

③ 我们到早上从下午上课。 ➡

4 우리말 해석을 보고 빈칸에 알맞은 한자를 써 보세요.

① 你们 ___ 坐什么来 ___ ? ➡ 너희들은 무엇을 타고 온 거니?

② ___ ___ 跟他一起来 ___ 。 ➡ 그와 함께 온 게 아니야.

③ 我们 ___ 三点 ___ 四点休息。 ➡ 우리 3시부터 4시까지 쉬자.

5 우리말 문장을 보고 주어진 단어들을 순서에 맞춰 써 보세요.

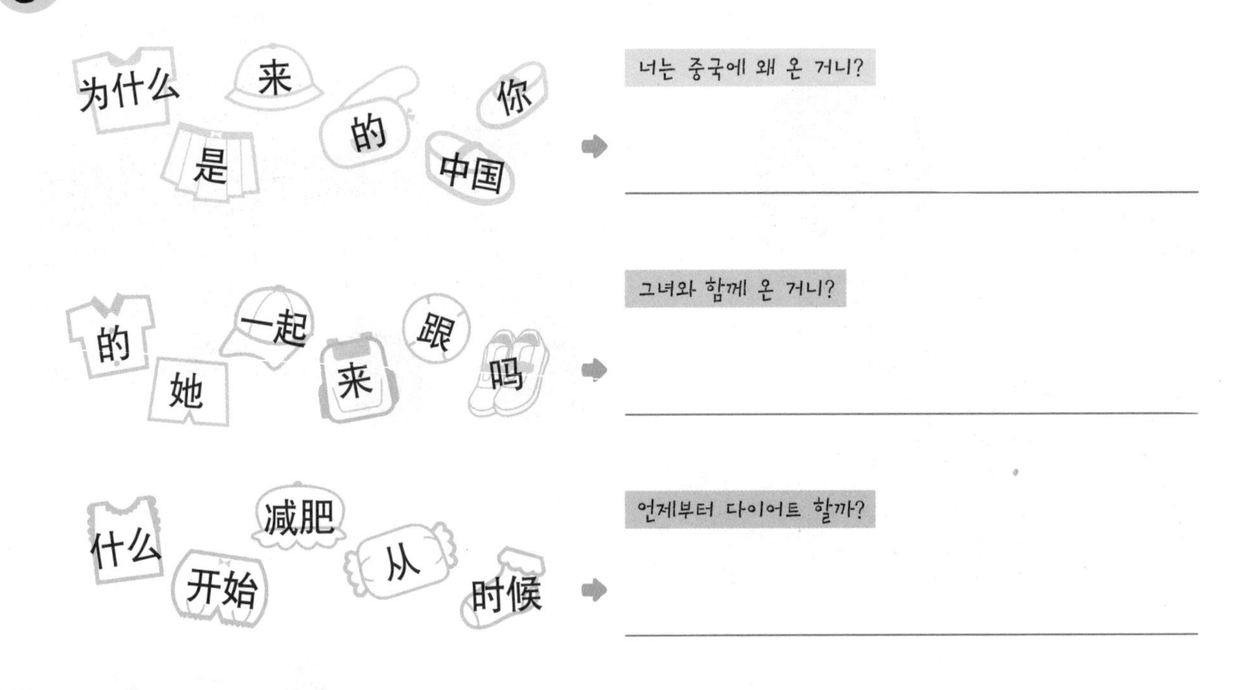

6 다음 한자를 큰 소리로 읽으며 써 보세요.

从 cóng
從 좇을 **종**
丿 人 𠆢 从

首 shǒu
首 머리 **수**
丶 丷 䒑 䒑 䒑 首 首 首 首

尔 ěr
爾 너 **이**
丿 𠂊 尔 尔 尔

天 tiān
天 하늘 **천**
一 二 チ 天

安 ān
安 편안할 **안**
丶 丶 宀 宀 安 安

门 mén
門 문 **문**
丶 门 门

第七课

내가 맛 좀 봐도 될까?

我可以尝尝吗?

Wǒ kěyǐ chángchang ma?

1 다음 빈칸에 들어갈 알맞은 표현을 고르고 큰 소리로 읽어 보세요.

①

➡ 你来 ________ 。

❶ 听一听
❷ 吃一吃
❸ 做做
❹ 看看

②

➡ 你 ________ 。

❶ 好好儿休息吧
❷ 快快儿来吧
❸ 慢慢儿吃吧
❹ 好好儿学汉语吧

③

➡ 你们 ________ !

❶ 高高兴兴地玩儿吧
❷ 慢慢儿想吧
❸ 休息休息吧
❹ 快快儿睡吧

2 그림을 보고 대화를 완성한 후, 친구들과 큰 소리로 대화해 보세요.

3 다음 문장에서 밑줄 친 부분을 바르게 고쳐 보세요.

① 你看看来这个。 ➡

② 我想一吃吃这个。 ➡

③ 你休休息息吧。 ➡

4 우리말 해석을 보고 빈칸에 알맞은 한자를 써 보세요.

① 你 ＿ ＿ 这个蛋糕。 ➡ 너 이 케이크 좀 먹어 봐.

② 你 ＿ ＿ ＿ 我的话。 ➡ 너 내 말 좀 한번 들어 봐.

③ 老师 ＿ ＿ ＿ 休息吧。 ➡ 선생님 푹 쉬세요.

5 우리말 문장을 보고 주어진 단어들을 순서에 맞춰 써 보세요.

6 다음 한자를 큰 소리로 읽으며 써 보세요.

串 chuàn

串 꿰미 **천**

丶 冖 口 口 吕 吕 串

串

尝 cháng

嘗 맛볼 **상**

丨 丨 丷 丷 尚 尚 尝 尝 尝

尝

慢 màn

慢 게으를 **만**

丶 丶 忄 忄 忄 忄 怛 怛 悍 悍 悍 悍 慢 慢

慢

哇 wā

哇 소리칠 **와**

丨 口 口 口 叶 吐 吐 哇 哇

哇

漂 piào

漂 떠다닐 **표**

丶 丶 氵 氵 氵 沂 沔 沔 沔 湮 湮 漂 漂 漂

漂

亮 liàng

亮 밝을 **량**

丶 亠 亠 亣 亣 亭 亭 亭 亮

亮

어디가 불편하세요?

你哪儿不舒服？

Nǐ nǎr bù shūfu?

1 다음 빈칸에 들어갈 알맞은 표현을 고르고 큰 소리로 읽어 보세요.

①

→她 ______________ 。

❶ 肚子疼
❷ 头很疼
❸ 牙疼得很厉害
❹ 嗓子疼得厉害

②

→哎呀！ ______________ 。

❶ 疼死了
❷ 烦死了
❸ 饿死了
❹ 累死了

③

→老师 ______________ ！

❶ 让我回家
❷ 不让我回家
❸ 让我学习
❹ 不让我学习

2 그림을 보고 대화를 완성한 후, 친구들과 큰 소리로 대화해 보세요.

3 다음 문장에서 밑줄 친 부분을 바르게 고쳐 보세요.

① 你什么不舒服? ➡

② 我死了疼。 ➡

③ 让看看你的书。 ➡

4 우리말 해석을 보고 빈칸에 알맞은 한자를 써 보세요.

① 你哪儿 ___ ___ ___ ? ➡ 당신은 어디가 불편하세요?

② 哎呀! ___ ___ ___ 。 ➡ 아이! 짜증나 죽겠네.

③ 妈妈 ___ ___ ___ 喝可乐。 ➡ 어머니께서 콜라를 못 마시게 하세요.

5 우리말 문장을 보고 주어진 단어들을 순서에 맞춰 써 보세요.

6 다음 한자를 큰 소리로 읽으며 써 보세요.

舒 shū
舒 펼 **서**

丿 𠆢 ... 舒

舒

服 fú
服 옷 **복**

丿 刀 月 月 月 刖 服 服

服

肚 dù
肚 배 **두**

丿 刀 月 月 月- 肚 肚

肚

疼 téng
疼 아플 **동**

丶 亠 广 疒 疒 疒 疼 疼 疼 疼

疼

让 ràng
讓 사양할 **양**

丶 讠 让 让 让

让

死 sǐ
死 죽을 **사**

一 厂 歹 歹 歹 死

死

第九课

좀 피곤해요, 돌아가요!

有点儿累，回去吧！

Yǒudiǎnr lèi, huíqu ba!

1 다음 빈칸에 들어갈 알맞은 표현을 고르고 큰 소리로 읽어 보세요.

①

➡ 我们快＿＿＿＿＿。

❶ 上去吧
❷ 进去吧
❸ 下去吧
❹ 出去吧

②

➡ 这个＿＿＿＿＿。

❶ 有点儿贵
❷ 有点儿不好看
❸ 有点儿大
❹ 有点儿慢

③

➡ 里边儿＿＿＿＿＿！

❶ 冷一点儿
❷ 暖和一点儿
❸ 热一点儿
❹ 好看一点儿

2 그림을 보고 대화를 완성한 후, 친구들과 큰 소리로 대화해 보세요.

老师，这是什么？
선생님, 이게 뭐예요?
______。
이건 만리장성이란다.
我们上去看看吧。
우리 올라가서 봐요.
好！______！
좋아! 좀 조심하렴!
怎么样？
어떠니?
哇！______！
와! 아주 길어요!
______？
다른 곳도 갈래?
有点儿累，回去吧！
좀 피곤해요, 돌아가요!

3 다음 문장에서 밑줄 친 부분을 바르게 고쳐 보세요.

① 你快起去。 ➡

② 外边儿很冷，快出去吧。 ➡

③ 这个一点儿贵。 ➡

4 우리말 해석을 보고 빈칸에 알맞은 한자를 써 보세요.

① 他们明天 ＿ ＿ ！ ➡ 그 애들은 내일 돌아와요!

② 我 ＿ ＿ ＿ 累！ ➡ 저 좀 피곤해요!

③ 这个好看 ＿ ＿ ＿ 。 ➡ 이게 좀 더 예뻐.

5 우리말 문장을 보고 주어진 단어들을 순서에 맞춰 써 보세요.

6 다음 한자를 큰 소리로 읽으며 써 보세요.

城 chéng
城 성 **성**
一 十 土 圹 圹 圹 城 城 城

别 bié
別 다를 **별**
丨 口 口 号 另 别 别

楼 lóu
樓 다락 **루**
一 十 才 木 木 术 术 栏 栏 栏 楼 楼 楼

快 kuài
快 쾌할 **쾌**
丶 丶 忄 忄 怛 快 快

等 děng
等 등급 **등**
丿 𠂉 𥫗 𥫗 竺 竺 竺 竺 笙 笙 等 等

但 dàn
但 다만 **단**
丿 亻 亻 仴 仴 伯 但

이 옷이 저 옷보다 더 예뻐요.

这件比那件更漂亮。

Zhè jiàn bǐ nà jiàn gèng piàoliang.

1 다음 빈칸에 들어갈 알맞은 표현을 고르고 큰 소리로 읽어 보세요.

①

➡ ______________ 更好吃。

❶ 蛋糕比面包
❷ 你的菜比我的菜
❸ 中国菜比日本菜
❹ 火锅比羊肉串儿

②

➡ 她 ______________ 。

❶ 比你高
❷ 比你漂亮
❸ 比你好
❹ 没有你高

③

¥5.00

➡ 这个 ______________ !

❶ 五块钱
❷ 五毛钱
❸ 五分钱
❹ 五十块钱

2 그림을 보고 대화를 완성한 후, 친구들과 큰 소리로 대화해 보세요.

那件很漂亮。
저 옷이 아주 예뻐요.
______________。
이 옷이 저 옷보다 더 예뻐요.
哪件便宜?
어느 것이 싸죠?
______________。
이건 저것만큼 싸지 않아요.
______________?
이것은 얼마예요?
50
50
50
一百五十块。
150위안이에요.
好，给你便宜一点儿。
좋아요, 싸게 해 드릴게요.
______________?
싸게 해 주실 수 있나요?

3 비교의 문장을 잘 보고 뜻이 같은 문장에 동그라미표 하세요.

① 你比她漂亮。 ➡ 你没有她漂亮。 / 她没有你漂亮。

② 这个比那个贵。 ➡ 这个没有那个便宜。 / 这个没有那个贵。

③ 她比你高。 ➡ 你没有她高。 / 你比她高。

4 우리말 해석을 보고 빈칸에 알맞은 한자를 써 보세요.

① 日本菜 ＿ ＿ 中国菜好吃。 ➡ 일본 음식은 중국 음식만큼 맛있지 않아.

② 他 ＿ 你 ＿ 高。 ➡ 그가 너보다 더 커.

③ 三十八 ＿ 五 ＿ ＿ 。 ➡ 38.5위안입니다.

5 우리말 문장을 보고 주어진 단어들을 순서에 맞춰 써 보세요.

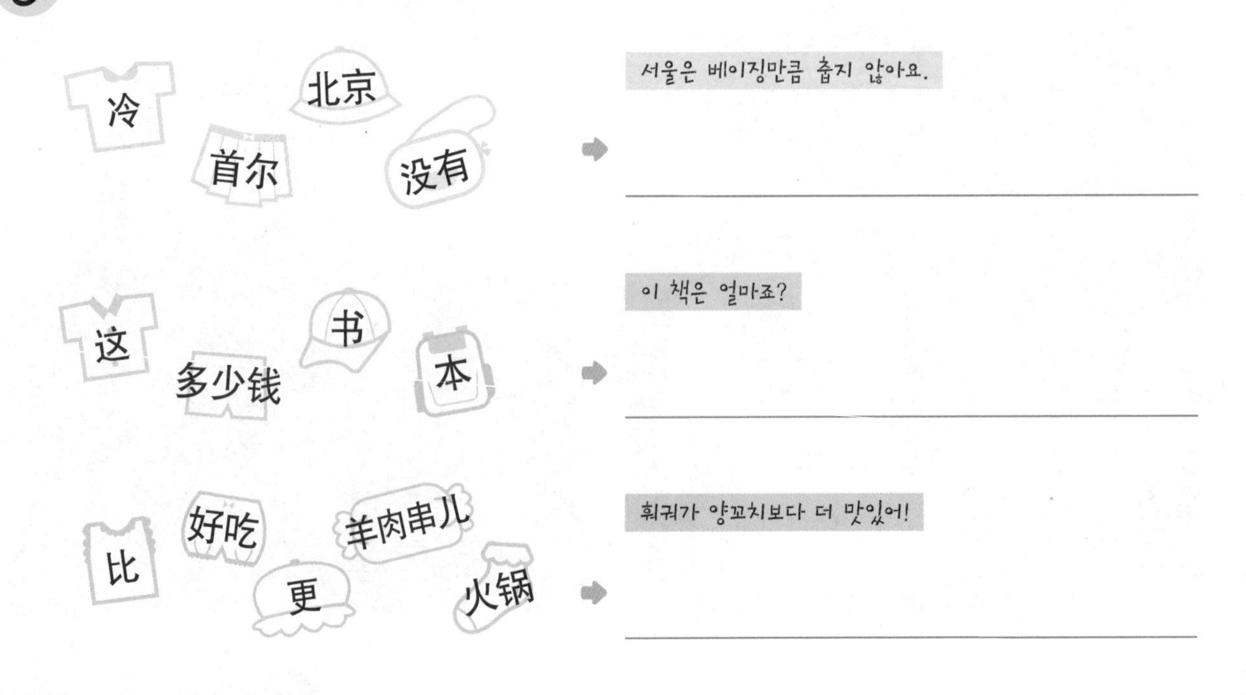

6 다음 한자를 큰 소리로 읽으며 써 보세요.

比 bǐ
比 견줄 **비**
一 匕 比' 比

更 gèng
更 다시 **갱**
一 丆 戸 亓 戸 更 更

便 pián
便 편할 **편**
丿 亻 亻 亻 伃 佰 佰 便 便

宜 yí
宜 마땅할 **의**
丶 丷 宀 宀 宁 官 宜 宜

块 kuài
塊 덩어리 **괴**
一 十 土 圢 圢 块 块

锅 guō
鍋 노구솥 **과**
丿 𠂉 𠂉 𠂉 钅 钅 钔 钔 钔 锅 锅 锅

第十一课

너 선물 샀니?

你买礼物了吗?

Nǐ mǎi lǐwù le ma?

1 다음 빈칸에 들어갈 알맞은 표현을 고르고 큰 소리로 읽어 보세요.

①

➡ 天气 __________ 。

❶ 暗了
❷ 冷了
❸ 凉快了
❹ 暖和了

②

➡ 我 __________ 。

❶ 吃了一个菠萝
❷ 买了很漂亮的衣服
❸ 喝了妈妈的茶
❹ 看了一本书

③

➡ 我 __________ !

❶ 没做作业
❷ 没看书
❸ 没吃饭
❹ 没买礼物

2 그림을 보고 대화를 완성한 후, 친구들과 큰 소리로 대화해 보세요.

3 다음 문장에서 了 또는 没를 넣을 부분의 번호를 골라 보세요.

① 她 1 回 2 来 3。 了

② 妈妈 1 买 2 一件 3 衣服。 了

③ 他 1 还 2 吃 3 那个面包。 没

4 우리말 해석을 보고 빈칸에 알맞은 한자를 써 보세요.

① 好 ＿＿ ＿＿ ＿＿ 了。 → 좀 좋아졌어.

② 我吃了 ＿＿ ＿＿ 菠萝。 → 나는 파인애플을 한 개 먹었어.

③ 天气 ＿＿ ＿＿ 了。 → 날씨가 시원해졌어.

5 우리말 문장을 보고 주어진 단어들을 순서에 맞춰 써 보세요.

身体 好 你 了 吗 → 너 몸 괜찮아졌니?

了 早上 回去 今天 他 → 그는 오늘 아침에 돌아갔어.

你 了 什么 衣服 买 → 넌 무슨 옷을 샀니?

6 다음 한자를 큰 소리로 읽으며 써 보세요.

한자	병음	뜻	필순
物	wù	物 물건 **물**	丿 𠂉 牛 牛 牜 牞 物 物
件	jiàn	件 건 **건**	丿 亻 亻 仁 仁 件
旗	qí	旗 기 **기**	丶 亠 方 方 方 方 於 於 旃 旃 旗 旗 旗 旗
袍	páo	袍 도포 **포**	丶 ㇇ 礻 礻 礻 衤 衤 袍 袍 袍
菠	bō	菠 시금치 **파**	一 十 艹 艹 艹 芦 芦 芦 菠 菠 菠
萝	luó	蘿 그물 **라**	一 十 艹 艹 苎 苎 苎 苎 萝 萝 萝

모두들 준비 다 했니?

大家都准备好了吗?

Dàjiā dōu zhǔnbèi hǎo le ma?

1 다음 빈칸에 들어갈 알맞은 표현을 고르고 큰 소리로 읽어 보세요.

①

➡ 我＿＿＿＿＿＿。

❶ 还没说好
❷ 还没准备好
❸ 还没听好
❹ 还没做好

②

➡ 请你＿＿＿＿＿＿。

❶ 买给我衣服
❷ 送给我礼物
❸ 借给我词典
❹ 还给我钱

③

➡ 我＿＿＿＿＿＿！

❶ 帮你打电话
❷ 帮你交给老师
❸ 帮你买飞机票
❹ 帮你还书

2 그림을 보고 대화를 완성한 후, 친구들과 큰 소리로 대화해 보세요.

3 다음 문장에서 밑줄 친 부분을 바르게 고쳐 보세요.

① 还没做好了。 ➡

② 你跟老师约了好吗？ ➡

③ 请帮你我买东西。 ➡

4 우리말 해석을 보고 빈칸에 알맞은 한자를 써 보세요.

① ＿＿ ＿＿ 跟他 ＿＿ ＿＿ 了。 ➡ 이미 그 애랑 약속 정했어.

② 我 ＿＿ 你 ＿＿ 火车票。 ➡ 내가 너 대신 기차표 사 줄게.

③ 我还没 ＿＿ ＿＿ 老师作业。 ➡ 나 아직 선생님께 숙제를 드리지 못했어.

5 우리말 문장을 보고 주어진 단어들을 순서에 맞춰 써 보세요.

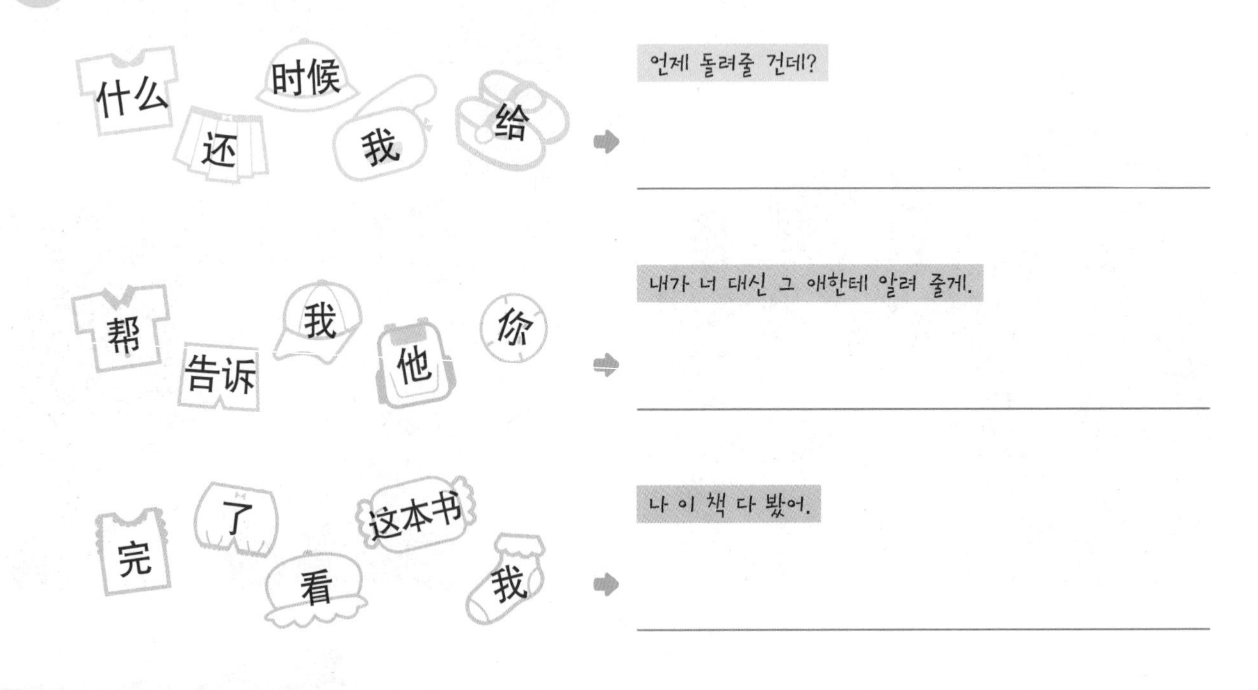

6 다음 한자를 큰 소리로 읽으며 써 보세요.

相 xiàng
相 서로 **상**
一 十 才 木 朩 机 相 相 相
相

路 lù
路 길 **로**
丶 口 口 早 早 𧾷 𧾷 趵 趵 跤 路 路 路
路

平 píng
平 평평할 **평**
一 丆 丌 立 平
平

完 wán
完 완전할 **완**
丶 丷 宀 宀 宇 完 完
完

借 jiè
借 빌릴 **차**
丿 亻 仁 什 仳 供 供 借 借 借
借

诉 sù
訴 하소연할 **소**
丶 讠 讠 䜣 䜣 诉 诉
诉

Work Book

NEW 맛있는 주니어 중국어 3

1과 4쪽 · 5쪽 · 6쪽

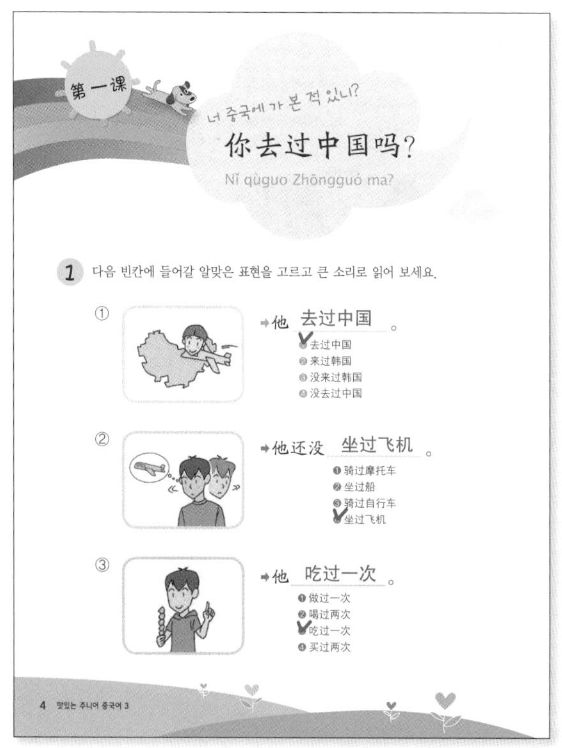
第一课

너 중국에 가 본 적 있니?

你去过中国吗?

Nǐ qùguo Zhōngguó ma?

1 다음 빈칸에 들어갈 알맞은 표현을 고르고 큰 소리로 읽어 보세요.

① → 他 去过中国 。
❶ 去过中国 ❷ 来过韩国 ❸ 没来过韩国 ❹ 没去过中国

② → 他还没 坐过飞机 。
❶ 骑过摩托车 ❷ 坐过船 ❸ 骑过自行车 ❹ 坐过飞机

③ → 他 吃过一次 。
❶ 做过一次 ❷ 喝过两次 ❸ 吃过一次 ❹ 买过两次

4 맛있는 주니어 중국어 3

2 그림을 보고 대화를 완성한 후, 친구들과 큰 소리로 대화해 보세요.

1과 你去过中国吗? 5

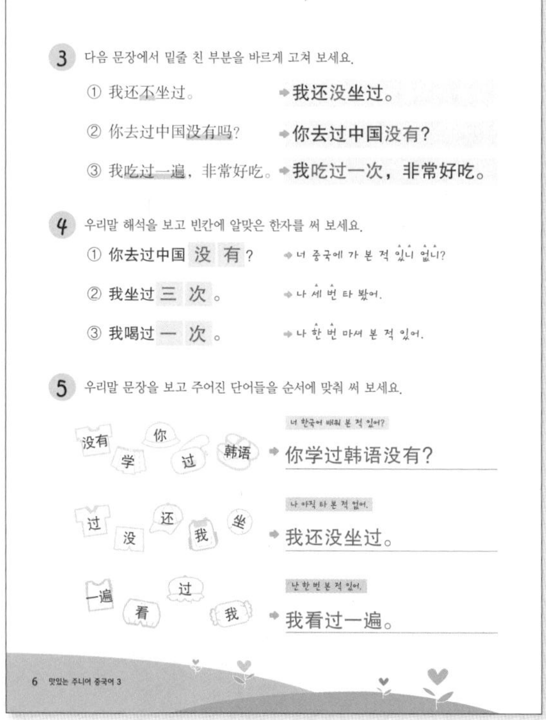
3 다음 문장에서 밑줄 친 부분을 바르게 고쳐 보세요.

① 我还不坐过。 → 我还没坐过。

② 你去过中国没有吗? → 你去过中国没有?

③ 我吃过一遍，非常好吃。 → 我吃过一次，非常好吃。

4 우리말 해석을 보고 빈칸에 알맞은 한자를 써 보세요.

① 你去过中国 没 有 ? → 너 중국에 가 본 적 있니 없니?

② 我坐过 三 次 。 → 나 세 번 타 봤어.

③ 我喝过 一 次 。 → 나 한 번 마셔 본 적 있어.

5 우리말 문장을 보고 주어진 단어들을 순서에 맞춰 써 보세요.

没有 / 你 / 学 / 过 / 韩语 → (너 한국어 배워 본 적 있어?) 你学过韩语没有?

过 / 还 / 坐 / 没 / 我 → (나 아직 타 본 적 없어.) 我还没坐过。

一遍 / 过 / 看 / 我 → (난 한 번 본 적 있어.) 我看过一遍。

6 맛있는 주니어 중국어 3

2과 8쪽 · 9쪽 · 10쪽

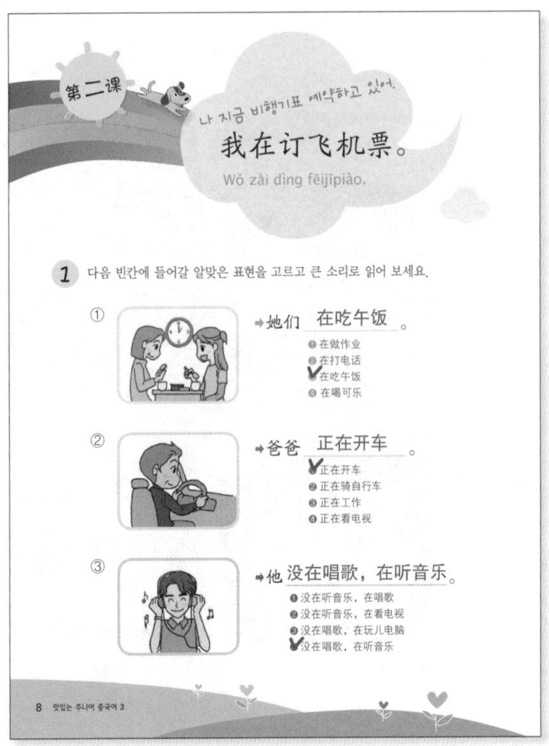

第二课

나 지금 비행기표 예약하고 있어.

我在订飞机票。

Wǒ zài dìng fēijīpiào.

1 다음 빈칸에 들어갈 알맞은 표현을 고르고 큰 소리로 읽어 보세요.

① ➡ 她们 在吃午饭 。
- ❶ 在做作业
- ❷ 在打电话
- ✔ 在吃午饭
- ❹ 在喝可乐

② ➡ 爸爸 正在开车 。
- ✔ 正在开车
- ❷ 正在骑自行车
- ❸ 正在工作
- ❹ 正在看电视

③ ➡ 他 没在唱歌，在听音乐。
- ❶ 没在听音乐，在唱歌
- ❷ 没在听音乐，在看电视
- ❸ 没在唱歌，在玩儿电脑
- ✔ 没在唱歌，在听音乐

8 맛있는 주니어 중국어 3

2 그림을 보고 대화를 완성한 후, 친구들과 큰 소리로 대화해 보세요.

2과 我在订飞机票。 9

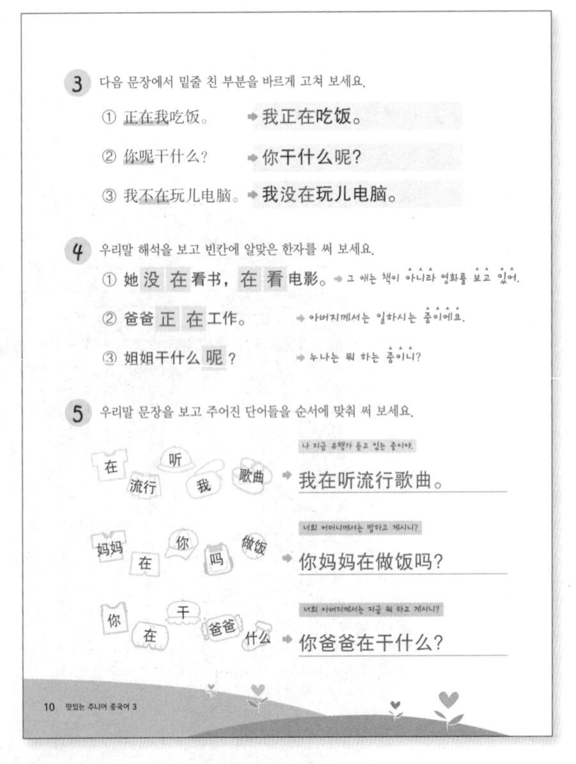

3 다음 문장에서 밑줄 친 부분을 바르게 고쳐 보세요.

① 正在我吃饭。 ➡ 我正在吃饭。

② 你呢干什么? ➡ 你干什么呢?

③ 我不在玩儿电脑。 ➡ 我没在玩儿电脑。

4 우리말 해석을 보고 빈칸에 알맞은 한자를 써 보세요.

① 她 没 在 看书，在 看 电影。 ➡ 그 애는 책이 아니라 영화를 보고 있어.

② 爸爸 正 在 工作。 ➡ 아버지께서는 일하시는 중이에요.

③ 姐姐干什么 呢 ? ➡ 누나는 뭐 하는 중이니?

5 우리말 문장을 보고 주어진 단어들을 순서에 맞춰 써 보세요.

在 / 听 / 流行 / 我 / 歌曲 — 나 지금 유행가 듣고 있는 중이야. ➡ 我在听流行歌曲。

妈妈 / 在 / 你 / 吗 / 做饭 — 너희 어머니께서는 밥하고 계시니? ➡ 你妈妈在做饭吗?

你 / 在 / 干 / 爸爸 / 什么 — 너희 아버지께서는 지금 뭐 하고 계시니? ➡ 你爸爸在干什么?

10 맛있는 주니어 중국어 3

3과 12쪽 · 13쪽 · 14쪽

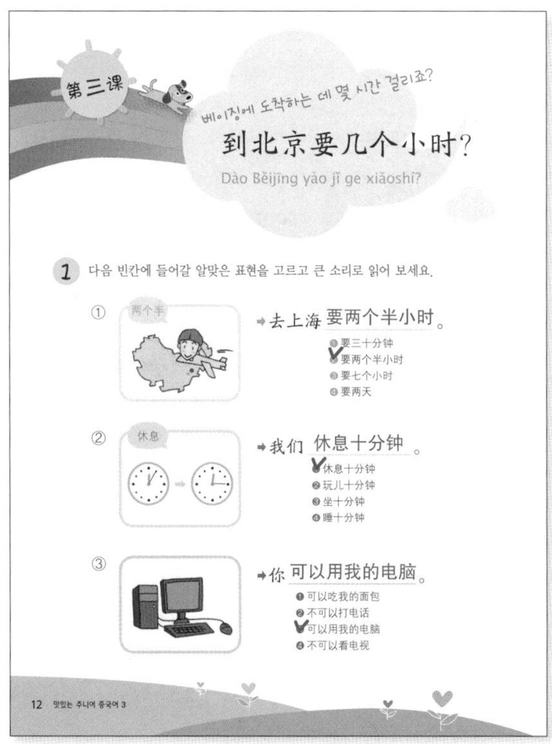

第三课

베이징에 도착하는 데 몇 시간 걸리죠?

到北京要几个小时?

Dào Běijīng yào jǐ ge xiǎoshí?

1 다음 빈칸에 들어갈 알맞은 표현을 고르고 큰 소리로 읽어 보세요.

① 两个半 → 去上海 要两个半小时。
- ❶ 要三十分钟
- ❷ 要两个半小时 ✔
- ❸ 要七个小时
- ❹ 要两天

② 休息 → 我们 休息十分钟。
- ❶ 休息十分钟 ✔
- ❷ 玩儿十分钟
- ❸ 坐十分钟
- ❹ 睡十分钟

③ → 你 可以用我的电脑。
- ❶ 可以吃我的面包
- ❷ 不可以打电话
- ❸ 可以用我的电脑 ✔
- ❹ 不可以看电视

12 맛있는 주니어 중국어 3

2 그림을 보고 대화를 완성한 후, 친구들과 큰 소리로 대화해 보세요.

3과 到北京要几个小时? 13

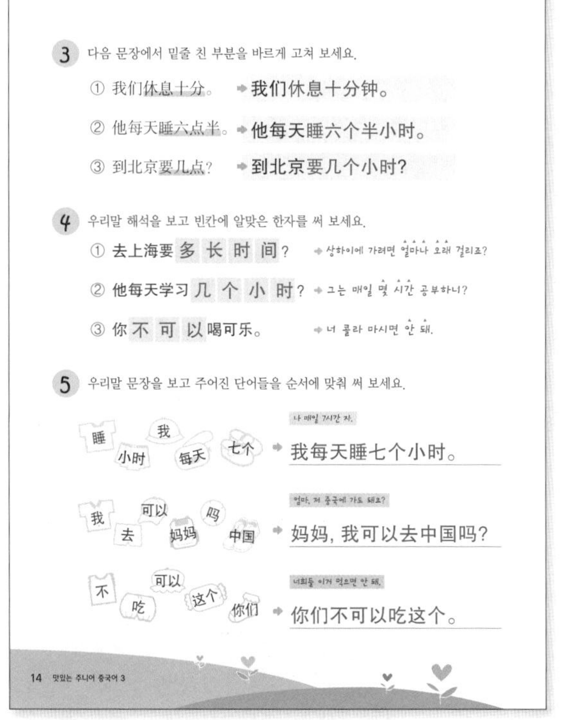

3 다음 문장에서 밑줄 친 부분을 바르게 고쳐 보세요.

① 我们休息十分。 → 我们休息十分钟。

② 他每天睡六点半。 → 他每天睡六个半小时。

③ 到北京要几点? → 到北京要几个小时?

4 우리말 해석을 보고 빈칸에 알맞은 한자를 써 보세요.

① 去上海要 多 长 时 间? → 상하이에 가려면 얼마나 오래 걸리죠?

② 他每天学习 几 个 小 时? → 그는 매일 몇 시간 공부하니?

③ 你 不 可 以 喝可乐。 → 너 콜라 마시면 안 돼.

5 우리말 문장을 보고 주어진 단어들을 순서에 맞춰 써 보세요.

睡 / 我 / 小时 / 每天 / 七个 → (나 매일 7시간 자.) 我每天睡七个小时。

我 / 可以 / 吗 / 去 / 妈妈 / 中国 → (엄마, 저 중국에 가도 돼요?) 妈妈，我可以去中国吗?

不 / 可以 / 吃 / 这个 / 你们 → (너희들 이거 먹으면 안 돼.) 你们不可以吃这个。

14 맛있는 주니어 중국어 3

4과 16쪽 · 17쪽 · 18쪽

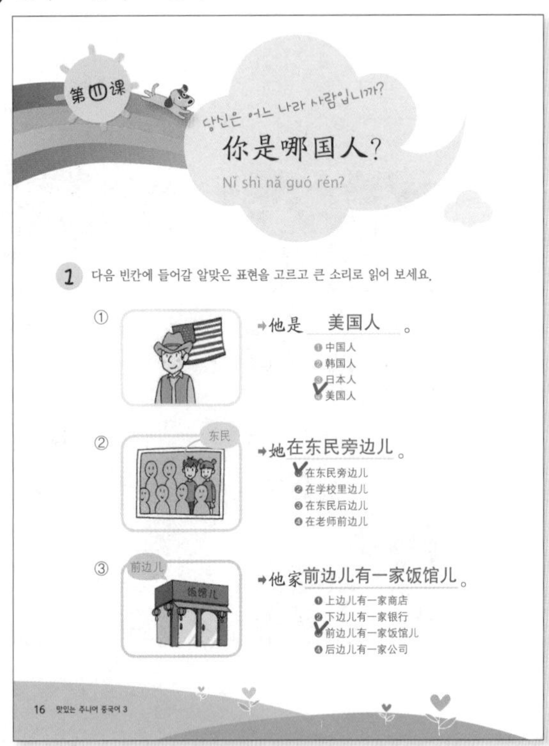

第四课
당신은 어느 나라 사람입니까?
你是哪国人?
Nǐ shì nǎ guó rén?
1 다음 빈칸에 들어갈 알맞은 표현을 고르고 큰 소리로 읽어 보세요.
① 他是 美国人 。
❶ 中国人 ❷ 韩国人 ❸ 日本人 ❹ 美国人
② 她在东民旁边儿。
东民
❶ 在东民旁边儿 ❷ 在学校里边儿 ❸ 在东民后边儿 ❹ 在老师前边儿
③ 他家前边儿有一家饭馆儿。
前边儿
饭馆儿
❶ 上边儿有一家商店 ❷ 下边儿有一家银行 ❸ 前边儿有一家饭馆儿 ❹ 后边儿有一家公司
16 맛있는 주니어 중국어 3

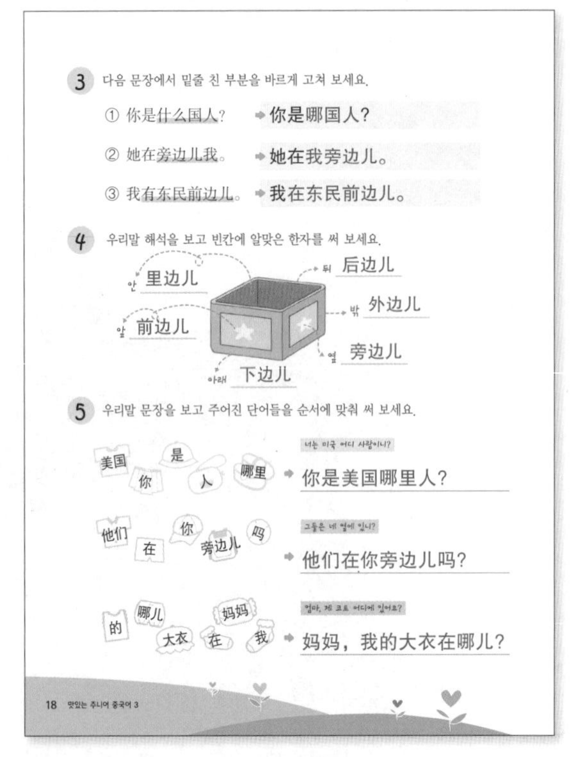

3 다음 문장에서 밑줄 친 부분을 바르게 고쳐 보세요.
① 你是什么国人? → 你是哪国人?
② 她在旁边儿我。 → 她在我旁边儿。
③ 我有东民前边儿。 → 我在东民前边儿。
4 우리말 해석을 보고 빈칸에 알맞은 한자를 써 보세요.
안 里边儿
뒤 后边儿
밖 外边儿
앞 前边儿
옆 旁边儿
아래 下边儿
5 우리말 문장을 보고 주어진 단어들을 순서에 맞춰 써 보세요.
너는 미국 어디 사람이니?
你是美国哪里人?
그들은 네 옆에 있니?
他们在你旁边儿吗?
엄마, 제 코트 어디에 있어요?
妈妈，我的大衣在哪儿?
18 맛있는 주니어 중국어 3

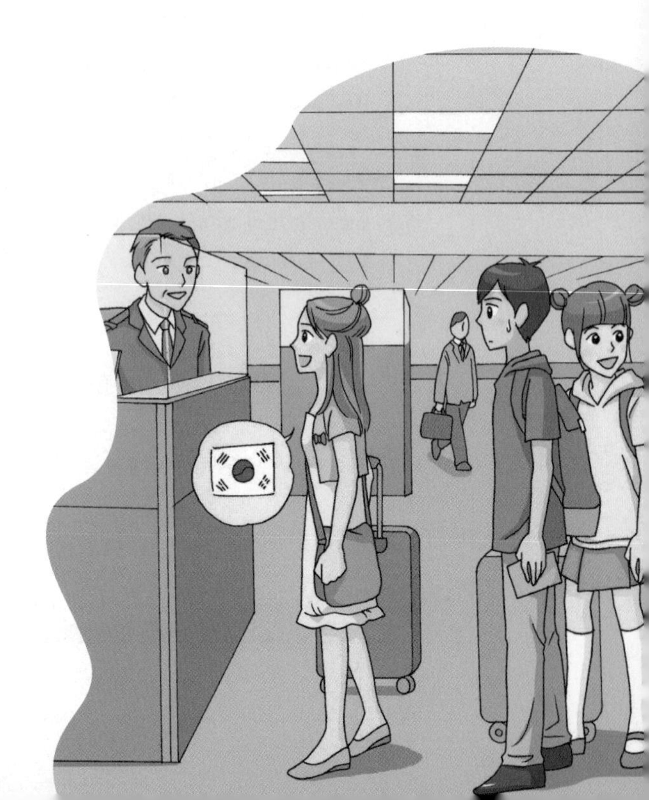

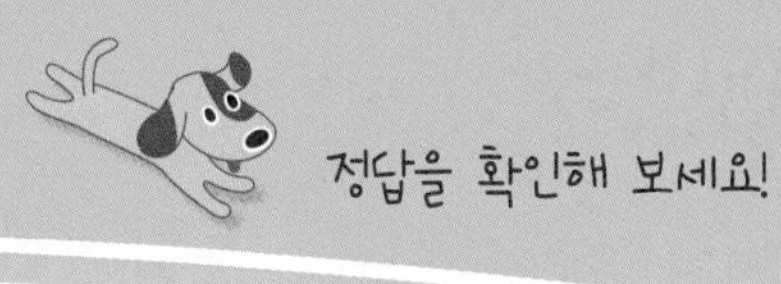

5과 20쪽 · 21쪽 · 22쪽

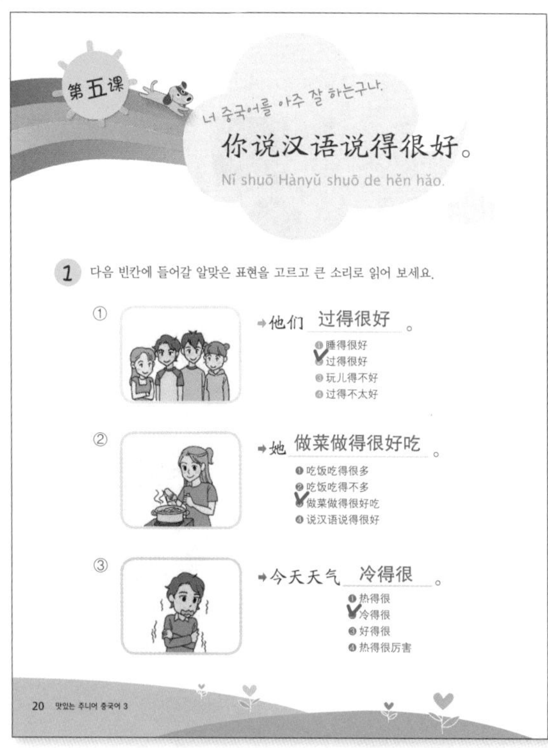

第五课

너 중국어를 아주 잘 하는구나.

你说汉语说得很好。

Nǐ shuō Hànyǔ shuō de hěn hǎo.

1 다음 빈칸에 들어갈 알맞은 표현을 고르고 큰 소리로 읽어 보세요.

① 他们 过得很好 。
❶ 睡得很好 ❷ 过得很好 ❸ 玩儿得不好 ❹ 过得不太好

② 她 做菜做得很好吃 。
❶ 吃饭吃得很多 ❷ 吃饭吃得不多 ❸ 做菜做得很好吃 ❹ 说汉语说得很好

③ 今天天气 冷得很 。
❶ 热得很 ❷ 冷得很 ❸ 好得很 ❹ 热得很厉害

20 맛있는 주니어 중국어 3

2 그림을 보고 대화를 완성한 후, 친구들과 큰 소리로 대화해 보세요.

5과 你说汉语说得很好。 21

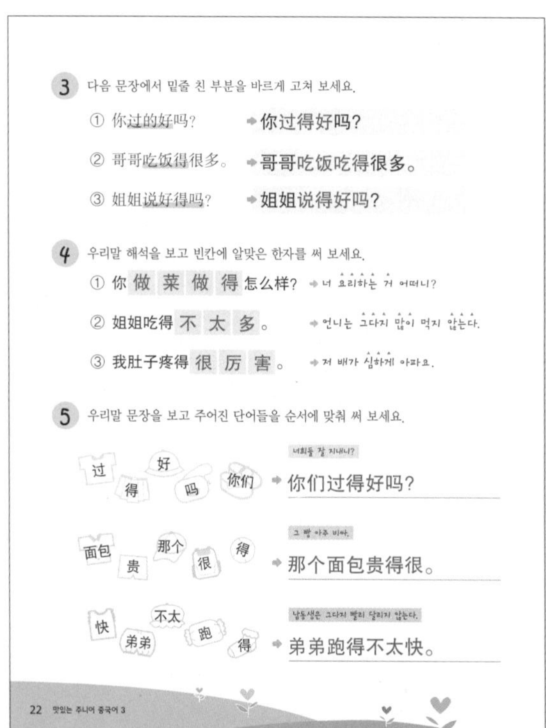

3 다음 문장에서 밑줄 친 부분을 바르게 고쳐 보세요.

① 你过的好吗? ➡ 你过得好吗?

② 哥哥吃饭得很多。 ➡ 哥哥吃饭吃得很多。

③ 姐姐说好得吗? ➡ 姐姐说得好吗?

4 우리말 해석을 보고 빈칸에 알맞은 한자를 써 보세요.

① 你 做 菜 做 得 怎么样? ➡ 너 요리하는 거 어떠니?

② 姐姐吃得 不 太 多。 ➡ 언니는 그다지 많이 먹지 않는다.

③ 我肚子疼得 很 厉 害。 ➡ 저 배가 심하게 아파요.

5 우리말 문장을 보고 주어진 단어들을 순서에 맞춰 써 보세요.

过 好 得 吗 你们 — 너희들 잘 지내니? ➡ 你们过得好吗?

面包 那个 贵 很 得 — 그 빵 아주 비싸. ➡ 那个面包贵得很。

快 不太 弟弟 跑 得 — 남동생은 그다지 빨리 달리지 않는다. ➡ 弟弟跑得不太快。

22 맛있는 주니어 중국어 3

6과 24쪽 · 25쪽 · 26쪽

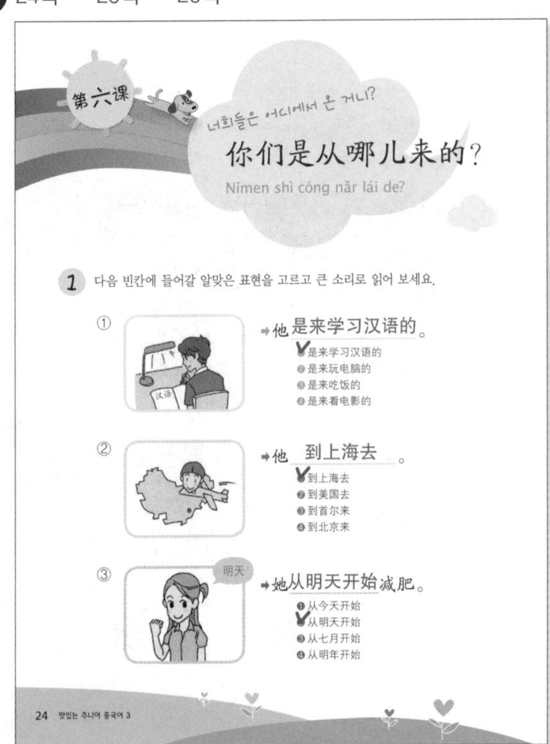

第六课

너희들은 어디에서 온 거니?

你们是从哪儿来的？

Nǐmen shì cóng nǎr lái de?

1 다음 빈칸에 들어갈 알맞은 표현을 고르고 큰 소리로 읽어 보세요.

① ➡ 他是来学习汉语的。
- ❶ 是来学习汉语的 ✔
- ❷ 是来玩电脑的
- ❸ 是来吃饭的
- ❹ 是来看电影的

② ➡ 他到上海去。
- ❶ 到上海去 ✔
- ❷ 到美国去
- ❸ 到首尔来
- ❹ 到北京来

③ ➡ 她从明天开始减肥。
- ❶ 从今天开始
- ❷ 从明天开始 ✔
- ❸ 从七月开始
- ❹ 从明年开始

24 맛있는 주니어 중국어 3

2 그림을 보고 대화를 완성한 후, 친구들과 큰 소리로 대화해 보세요.

6과 你们是从哪儿来的？ 25

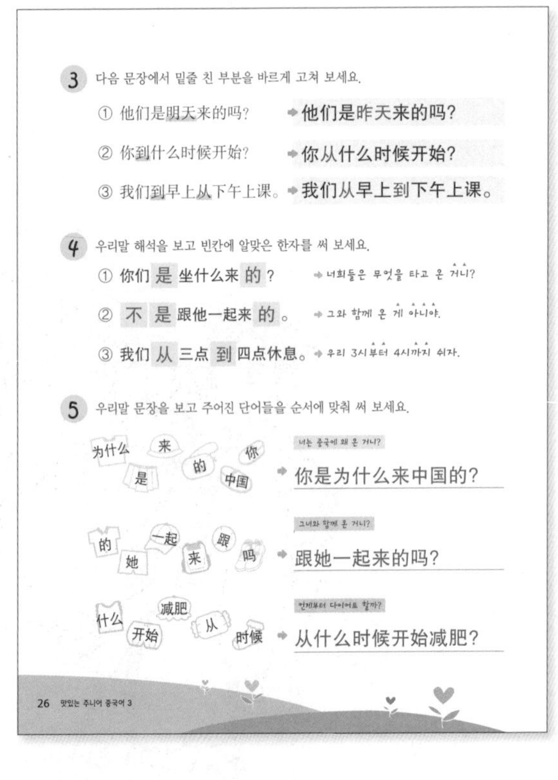

3 다음 문장에서 밑줄 친 부분을 바르게 고쳐 보세요.

① 他们是明天来的吗？ ➡ 他们是昨天来的吗？

② 你到什么时候开始？ ➡ 你从什么时候开始？

③ 我们到早上从下午上课。 ➡ 我们从早上到下午上课。

4 우리말 해석을 보고 빈칸에 알맞은 한자를 써 보세요.

① 你们 是 坐什么来 的 ？ ➡ 너희들은 무엇을 타고 온 거니?

② 不 是 跟他一起来 的 。 ➡ 그와 함께 온 게 아니야.

③ 我们 从 三点 到 四点休息。 ➡ 우리 3시부터 4시까지 쉬자.

5 우리말 문장을 보고 주어진 단어들을 순서에 맞춰 써 보세요.

为什么 / 来 / 你 / 是 / 的 / 中国 — 너는 중국에 왜 온 거니? ➡ 你是为什么来中国的？

的 / 一起 / 跟 / 她 / 来 / 吗 — 그녀와 함께 온 거니? ➡ 跟她一起来的吗？

什么 / 减肥 / 开始 / 从 / 时候 — 언제부터 다이어트 할까? ➡ 从什么时候开始减肥？

26 맛있는 주니어 중국어 3

7과 28쪽 · 29쪽 · 30쪽

第七课

내가 맛 좀 봐도 될까?

我可以尝尝吗?

Wǒ kěyǐ chángchang ma?

1 다음 빈칸에 들어갈 알맞은 표현을 고르고 큰 소리로 읽어 보세요.

① 你来 吃一吃 。
- ❶ 听一听
- ❷ 吃一吃 ✔
- ❸ 做做
- ❹ 看看

② 你 好好儿学汉语吧。
- ❶ 好好儿休息吧
- ❷ 快快儿来吧
- ❸ 慢慢儿吃吧
- ❹ 好好儿学汉语吧 ✔

③ 你们高高兴兴地玩儿吧!
- ❶ 高高兴兴地玩儿吧 ✔
- ❷ 慢慢儿想吧
- ❸ 休息休息吧
- ❹ 快快儿睡吧

28 맛있는 주니어 중국어 3

2 그림을 보고 대화를 완성한 후, 친구들과 큰 소리로 대화해 보세요.

7과 我可以尝尝吗? 29

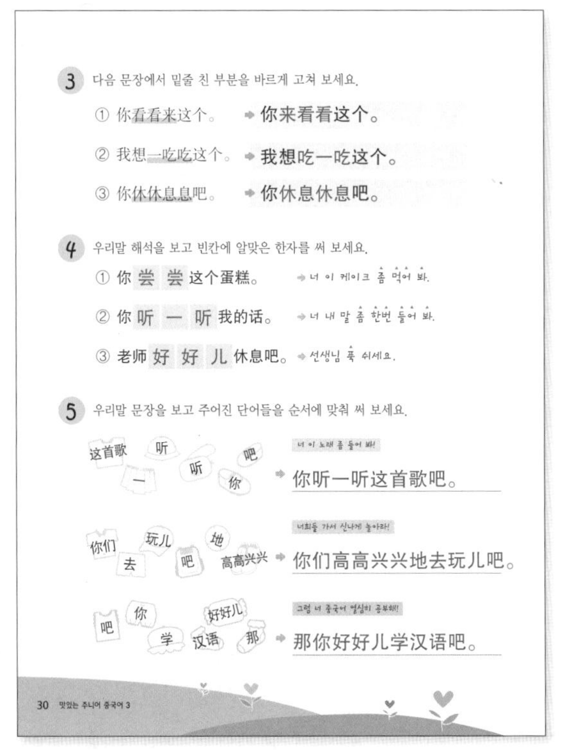

3 다음 문장에서 밑줄 친 부분을 바르게 고쳐 보세요.

① 你看看来这个。 → 你来看看这个。

② 我想一吃吃这个。 → 我想吃一吃这个。

③ 你休休息息吧。 → 你休息休息吧。

4 우리말 해석을 보고 빈칸에 알맞은 한자를 써 보세요.

① 你 尝 尝 这个蛋糕。 → 너 이 케이크 좀 먹어 봐.

② 你 听 一 听 我的话。 → 너 내 말 좀 한번 들어 봐.

③ 老师 好 好 儿 休息吧。 → 선생님 푹 쉬세요.

5 우리말 문장을 보고 주어진 단어들을 순서에 맞춰 써 보세요.

这首歌 / 听 / 吧 / 一 / 听 / 你
너 이 노래 좀 들어 봐!
→ 你听一听这首歌吧。

你们 / 玩儿 / 地 / 去 / 吧 / 高高兴兴
너희들 가서 신나게 놀아라!
→ 你们高高兴兴地去玩儿吧。

吧 / 你 / 好好儿 / 学 / 汉语 / 那
그럼 너 중국어 열심히 공부해!
→ 那你好好儿学汉语吧。

30 맛있는 주니어 중국어 3

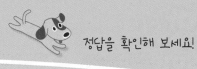

8과 32쪽 · 33쪽 · 34쪽

第八课

어디가 불편하세요?

你哪儿不舒服?

Nǐ nǎr bù shūfu?

1 다음 빈칸에 들어갈 알맞은 표현을 고르고 큰 소리로 읽어 보세요.

① 她 牙疼得很厉害。
❶ 肚子疼 ❷ 头很疼 ❸ 牙疼得很厉害 ❹ 嗓子疼得厉害

② 哎呀! 烦死了。
❶ 疼死了 ❷ 烦死了 ❸ 饿死了 ❹ 累死了

③ 老师 不让我回家!
❶ 让我回家 ❷ 不让我回家 ❸ 让我学习 ❹ 不让我学习

32 맛있는 주니어 중국어 3

2 그림을 보고 대화를 완성한 후, 친구들과 큰 소리로 대화해 보세요.

8과 你哪儿不舒服? 33

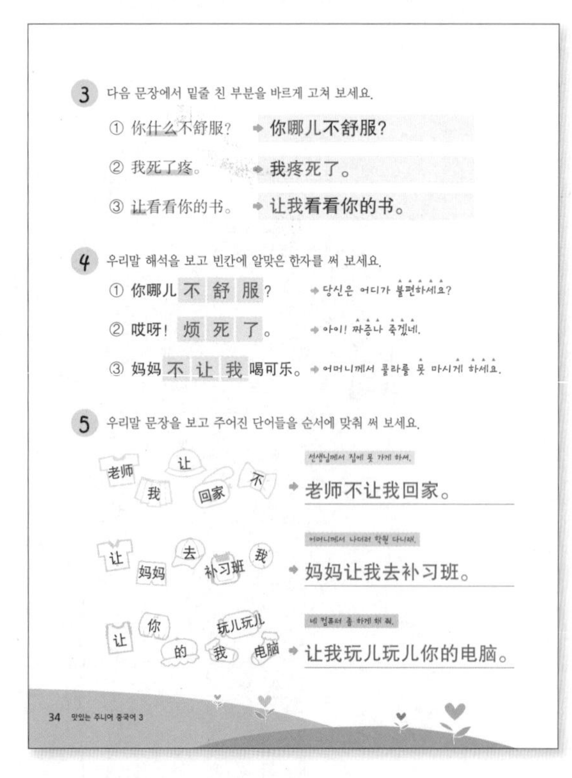
3 다음 문장에서 밑줄 친 부분을 바르게 고쳐 보세요.

① 你什么不舒服? → 你哪儿不舒服?

② 我死了疼。 → 我疼死了。

③ 让看看你的书。 → 让我看看你的书。

4 우리말 해석을 보고 빈칸에 알맞은 한자를 써 보세요.

① 你哪儿 不 舒 服? → 당신은 어디가 불편하세요?

② 哎呀! 烦 死 了。 → 아이! 짜증나 죽겠네.

③ 妈妈 不 让 我 喝可乐。 → 어머니께서 콜라를 못 마시게 하세요.

5 우리말 문장을 보고 주어진 단어들을 순서에 맞춰 써 보세요.

老师 / 让 / 我 / 回家 / 不 → 老师不让我回家。

让 / 去 / 我 / 妈妈 / 补习班 → 妈妈让我去补习班。

让 / 你 / 玩儿玩儿 / 的 / 我 / 电脑 → 让我玩儿玩儿你的电脑。

34 맛있는 주니어 중국어 3

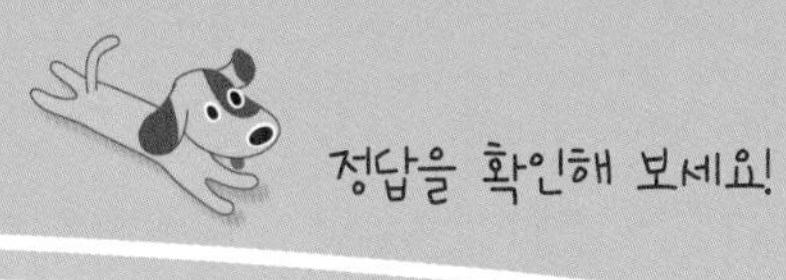

정답을 확인해 보세요!

9과 36쪽 · 37쪽 · 38쪽

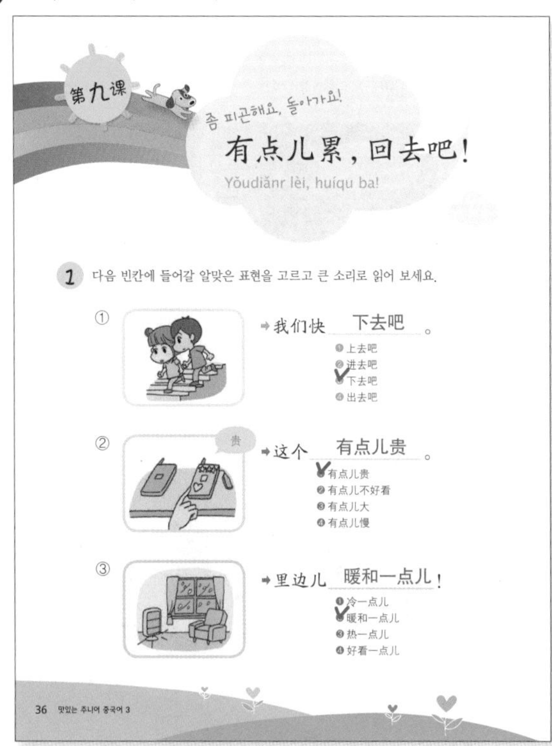

第九课

좀 피곤해요, 돌아가요!

有点儿累，回去吧！

Yǒudiǎnr lèi, huíqu ba!

1 다음 빈칸에 들어갈 알맞은 표현을 고르고 큰 소리로 읽어 보세요.

① 我们快 下去吧 。
- ❶ 上去吧
- ❷ 进去吧
- ❸ 下去吧 ✔
- ❹ 出去吧

② 这个 有点儿贵 。
- ❶ 有点儿贵 ✔
- ❷ 有点儿不好看
- ❸ 有点儿大
- ❹ 有点儿慢

③ 里边儿 暖和一点儿！
- ❶ 冷一点儿
- ❷ 暖和一点儿 ✔
- ❸ 热一点儿
- ❹ 好看一点儿

36 맛있는 주니어 중국어 3

2 그림을 보고 대화를 완성한 후, 친구들과 큰 소리로 대화해 보세요.

老师，这是什么？
这是长城。
我们上去看看吧。
好！小心一点儿啊！
要去别的地方吗？
怎么样？
哇！很长！
有点儿累，回去吧！

有点儿累，回去吧！ 37

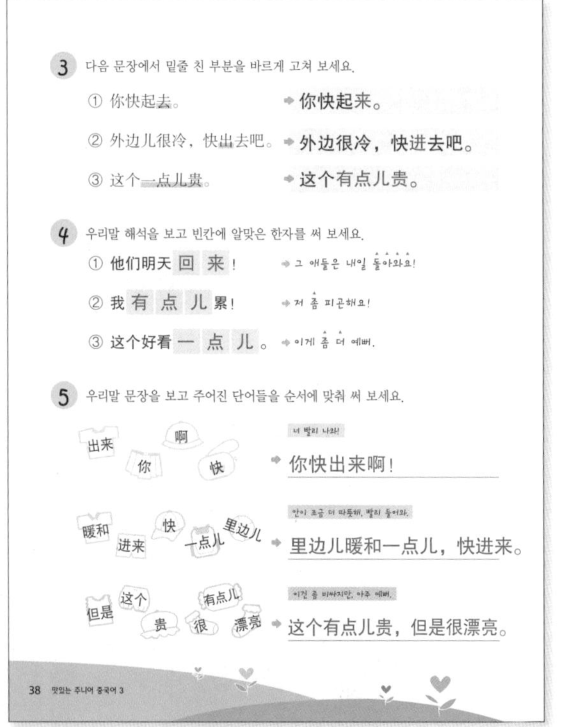

3 다음 문장에서 밑줄 친 부분을 바르게 고쳐 보세요.

① 你快起去。 → 你快起来。

② 外边儿很冷，快出去吧。 → 外边很冷，快进去吧。

③ 这个一点儿贵。 → 这个有点儿贵。

4 우리말 해석을 보고 빈칸에 알맞은 한자를 써 보세요.

① 他们明天 回 来！ → 그 애들은 내일 돌아와요!

② 我 有 点 儿 累！ → 저 좀 피곤해요!

③ 这个好看 一 点 儿 。 → 이게 좀 더 예뻐.

5 우리말 문장을 보고 주어진 단어들을 순서에 맞춰 써 보세요.

出来 / 啊 / 你 / 快 → 너 빨리 나와! → 你快出来啊！

暖和 / 快 / 里边儿 / 进来 / 一点儿 → 안이 조금 더 따뜻해, 빨리 들어와. → 里边儿暖和一点儿，快进来。

但是 / 这个 / 有点儿 / 贵 / 很 / 漂亮 → 이건 좀 비싸지만, 아주 예뻐. → 这个有点儿贵，但是很漂亮。

38 맛있는 주니어 중국어 3

10과 40쪽 · 41쪽 · 42쪽

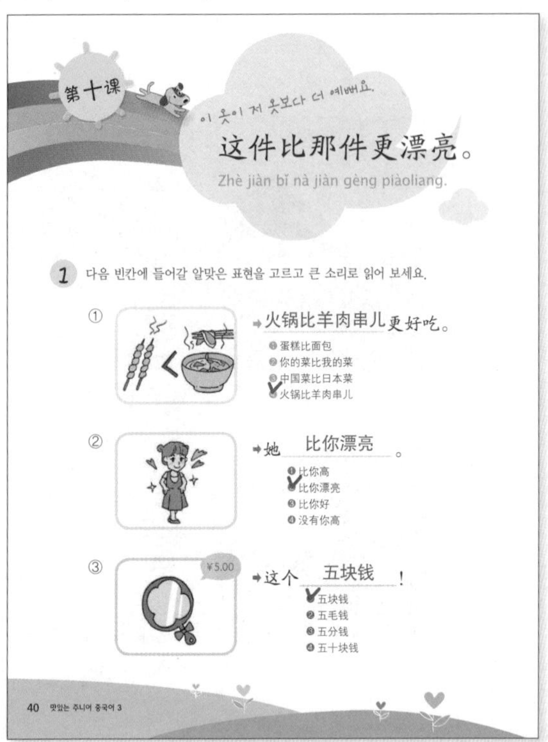

第十课

이 옷이 저 옷보다 더 예뻐요.

这件比那件更漂亮。

Zhè jiàn bǐ nà jiàn gèng piàoliang.

1 다음 빈칸에 들어갈 알맞은 표현을 고르고 큰 소리로 읽어 보세요.

① → 火锅比羊肉串儿更好吃。
- ❶ 蛋糕比面包
- ❷ 你的菜比我的菜
- ❸ 中国菜比日本菜
- ❹ 火锅比羊肉串儿 ✔

② → 她 比你漂亮 。
- ❶ 比你高
- ❷ 比你漂亮 ✔
- ❸ 比你好
- ❹ 没有你高

③ ¥5.00 → 这个 五块钱 !
- ❶ 五块钱 ✔
- ❷ 五毛钱
- ❸ 五分钱
- ❹ 五十块钱

40 맛있는 주니어 중국어 3

2 그림을 보고 대화를 완성한 후, 친구들과 큰 소리로 대화해 보세요.

10과 这件比那件更漂亮。 41

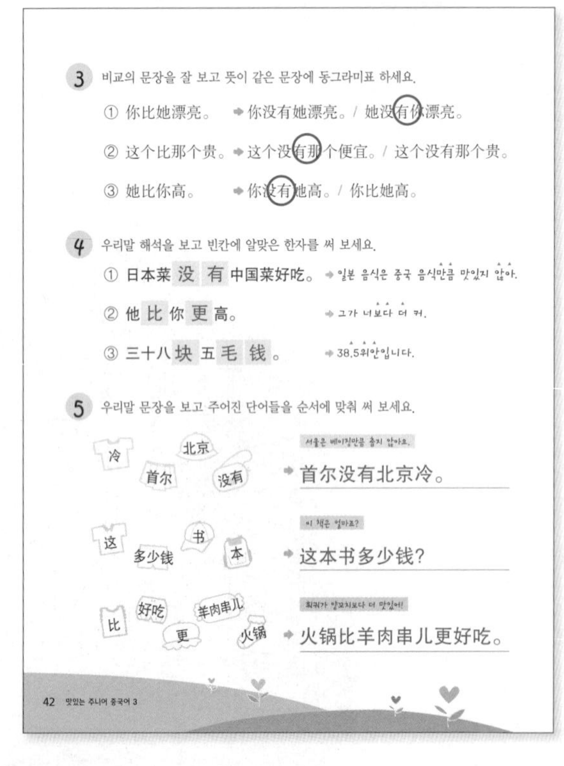

3 비교의 문장을 잘 보고 뜻이 같은 문장에 동그라미표 하세요.

① 你比她漂亮。 → 你没有她漂亮。/ (她没有你漂亮。)

② 这个比那个贵。 → (这个没有那个便宜。) / 这个没有那个贵。

③ 她比你高。 → (你没有她高。) / 你比她高。

4 우리말 해석을 보고 빈칸에 알맞은 한자를 써 보세요.

① 日本菜 没 有 中国菜好吃。 → 일본 음식은 중국 음식만큼 맛있지 않아.

② 他 比 你 更 高。 → 그가 너보다 더 커.

③ 三十八 块 五 毛 钱。 → 38.5위안입니다.

5 우리말 문장을 보고 주어진 단어들을 순서에 맞춰 써 보세요.

冷 北京 首尔 没有 → 서울은 베이징만큼 춥지 않아요. → 首尔没有北京冷。

这 书 多少钱 本 → 이 책은 얼마요? → 这本书多少钱?

比 好吃 羊肉串儿 更 火锅 → 훠궈가 양꼬치보다 더 맛있어! → 火锅比羊肉串儿更好吃。

42 맛있는 주니어 중국어 3

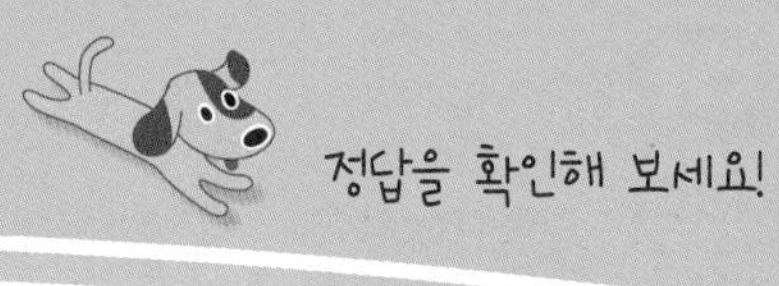

11과 44쪽 · 45쪽 · 46쪽

第十一课

너 선물 샀니?

你买礼物了吗?

Nǐ mǎi lǐwù le ma?

1 다음 빈칸에 들어갈 알맞은 표현을 고르고 큰 소리로 읽어 보세요.

① → 天气 凉快了 。
❶ 暗了 ❷ 冷了 ❸ 凉快了 ❹ 暖和了

② → 我 吃了一个菠萝 。
❶ 吃了一个菠萝 ❷ 买了很漂亮的衣服 ❸ 喝了妈妈的茶 ❹ 看了一本书

③ → 我 没吃饭 !
❶ 没做作业 ❷ 没看书 ❸ 没吃饭 ❹ 没买礼物

44 맛있는 주니어 중국어 3

2 그림을 보고 대화를 완성한 후, 친구들과 큰 소리로 대화해 보세요.

11과 你买礼物了吗? 45

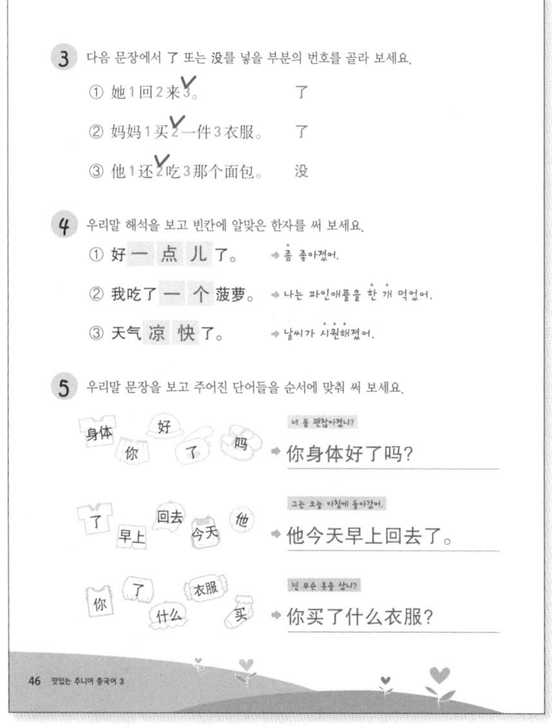

3 다음 문장에서 了 또는 没를 넣을 부분의 번호를 골라 보세요.

① 她 1 回 2 来 3。 了

② 妈妈 1 买 2 一件 3 衣服。 了

③ 他 1 还 2 吃 3 那个面包。 没

4 우리말 해석을 보고 빈칸에 알맞은 한자를 써 보세요.

① 好 一 点 儿 了。 → 좀 좋아졌어.

② 我吃了 一 个 菠萝。 → 나는 파인애플을 한 개 먹었어.

③ 天气 凉 快 了。 → 날씨가 시원해졌어.

5 우리말 문장을 보고 주어진 단어들을 순서에 맞춰 써 보세요.

身体 好 你 了 吗 → 너 몸 괜찮아졌니? 你身体好了吗?

了 早上 回去 今天 他 → 그는 오늘 아침에 돌아갔어. 他今天早上回去了。

你 了 衣服 什么 买 → 넌 무슨 옷을 샀니? 你买了什么衣服?

46 맛있는 주니어 중국어 3

12과 48쪽 · 49쪽 · 50쪽

第十二课

모두들 준비 다 했니?

大家都准备好了吗?

Dàjiā dōu zhǔnbèi hǎo le ma?

1 다음 빈칸에 들어갈 알맞은 표현을 고르고 큰 소리로 읽어 보세요.

① 我 还没做好 。
1 还没说好
2 还没准备好
3 还没听好
4 还没做好

② 请你 借给我词典 。
1 买给我衣服
2 送给我礼物
3 借给我词典
4 还给我钱

③ 我 帮你交给老师 !
1 帮你打电话
2 帮你交给老师
3 帮你买飞机票
4 帮你还书

48 맛있는 주니어 중국어 3

2 그림을 보고 대화를 완성한 후, 친구들과 큰 소리로 대화해 보세요.

대가 大家都准备好了吗? 49

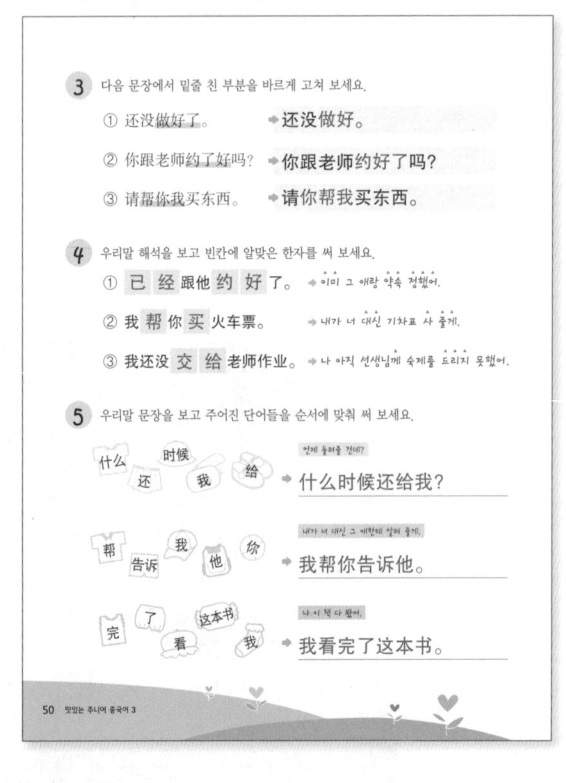

3 다음 문장에서 밑줄 친 부분을 바르게 고쳐 보세요.

① 还没做好了。 → 还没做好。

② 你跟老师约了好吗? → 你跟老师约好了吗?

③ 请帮你我买东西。 → 请你帮我买东西。

4 우리말 해석을 보고 빈칸에 알맞은 한자를 써 보세요.

① 已 经 跟他 约 好 了。 → 이미 그 애랑 약속 정했어.

② 我 帮 你 买 火车票。 → 내가 너 대신 기차표 사 줄게.

③ 我还没 交 给 老师作业。 → 나 아직 선생님께 숙제를 드리지 못했어.

5 우리말 문장을 보고 주어진 단어들을 순서에 맞춰 써 보세요.

什么 / 时候 / 还 / 我 / 给 — 언제 돌려줄 건데? → 什么时候还给我?

帮 / 我 / 告诉 / 他 / 你 — 내가 너 대신 그 애한테 알려 줄게. → 我帮你告诉他。

完 / 了 / 这本书 / 看 / 我 — 나 이 책 다 봤어. → 我看完了这本书。

50 맛있는 주니어 중국어 3

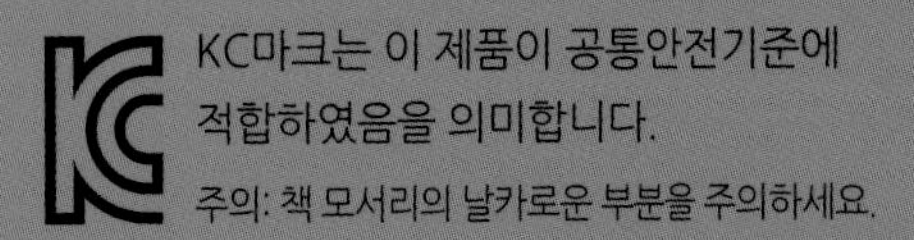

www.booksJRC.com

ISBN 979-11-6148-063-3
ISBN 979-11-6148-060-2(세트)

7과 31

我可以尝尝吗?

Wǒ kěyǐ chángchang ma?

내가 맛 좀 봐도 되니?

7과 33

哇！ 太好吃了。

Wā! Tài hǎochī le.

와! 정말 맛있다.

8과 35

你哪儿不舒服?

Nǐ nǎr bù shūfu?

어디가 불편해요?

8과 37

让我看看。

Ràng wǒ kànkan.

내가 한번 볼게요.

8과 39

对，疼得很厉害。

Duì, téng de hěn lìhai.

네, 굉장히 아파요.

9과 41

我们上去看看吧。

Wǒmen shàngqu kànkan ba.

우리 올라가서 봐요.

9과 43

要去别的地方吗?

Yào qù bié de dìfang ma?

다른 곳도 갈래?

10과 45

那件很漂亮。

Nà jiàn hěn piàoliang.

저 옷이 아주 예뻐요.

10과 47

哪件便宜?

Nǎ jiàn piányi?

어느 것이 싸죠?

10과 49

这件多少钱?

Zhè jiàn duōshao qián?

이것은 얼마예요?

10과 51

能便宜一点儿吗?

Néng piányi yìdiǎnr ma?

싸게 해 주실 수 있나요?

11과 53

我买了一件礼物。

Wǒ mǎile yí jiàn lǐwù.

나는 선물을 하나 샀어.

11과 55

我买了一件旗袍。

Wǒ mǎile yí jiàn qípáo.

나는 치파오를 한 벌 샀어.

11과 57

我也想去那儿看看。

Wǒ yě xiǎng qù nàr kànkan.

나도 거기 가서 좀 보고 싶다.

12과 59

准备好了！

Zhǔnbèi hǎo le!

준비 다 했어요!

12과 61

回国以后发给您。

Huí guó yǐhòu fāgěi nín.

귀국한 이후에 선생님께 보내 드릴게요.

자르는 선

10과 48

这件没有那件便宜。

Zhè jiàn méiyǒu nà jiàn piányi.

이건 저것만큼 싸지 않아요.

10과 50

一百五十块。

Yìbǎi wǔshí kuài.

150위안이에요.

10과 52

好，给你便宜一点儿。

Hǎo, gěi nǐ piányi yìdiǎnr.

좋아요, 싸게 해 드릴게요.

11과 54

你买了什么礼物？

Nǐ mǎile shénme lǐwù?

무슨 선물 샀는데?

11과 56

太漂亮了！贵不贵？

Tài piàoliang le! Guì bu guì?

정말 예쁘다! 비싸니 안 비싸니?

12과 58

大家都准备好了吗？

Dàjiā dōu zhǔnbèi hǎo le ma?

모두들 준비 다 했니?

12과 60

我帮你们照相吧！

Wǒ bāng nǐmen zhào xiàng ba!

내가 너희들 대신 사진을 찍어 주마!

12과 62

好啊！祝你们一路平安！

Hǎo a! Zhù nǐmen yílù píng'ān!

그래! 잘 돌아가라!

7과 32

当然可以。

Dāngrán kěyǐ.

당연히 되지.

7과 34

你慢慢儿吃吧！

Nǐ mànmānr chī ba!

너 천천히 먹어!

8과 36

我肚子很疼。

Wǒ dùzi hěn téng.

저 배가 아파요.

8과 38

哎呀，疼死了。

Āiyā, téng sǐ le.

아야, 아파 죽겠어요.

8과 40

我给你开药。

Wǒ gěi nǐ kāi yào.

내가 처방전을 써 줄게요.

9과 42

好！小心一点儿啊！

Hǎo! Xiǎoxīn yìdiǎnr a!

좋아! 좀 조심하렴!

9과 44

有点儿累，回去吧！

Yǒudiǎnr lèi, huíqu ba!

좀 피곤해요, 돌아가요!

10과 46

这件比那件更漂亮。

Zhè jiàn bǐ nà jiàn gèng piàoliang.

이 옷이 저 옷보다 더 예뻐요.